Sapuri ta' l-Italja 2023

Kitba ta' riċetti tradizzjonali tal-ikel tal-Italja

Luca Cassar

WERREJ

Spinaċi u gnocchi tal-patata 8

Injokki tal-frott tal-baħar biz-zalza tat-tadam u żebbuġ 12

Injokki aħdar fi zalza roża 17

Injokki tas-smid 20

Għaġina tal-Abruzzo 23

Pancakes Mimlijin Ricotta 27

Abruzzese crepe timbale bil-faqqiegħ 30

Spagetti Toskan Artiġjanali Biz-Zalza tal-Laħam 34

Pici bit-tewm u l-frak tal-ħobż 37

għaġina tal-għaġin tas-smid 39

Cavatelli ma' Ragù 41

Cavatelli bil-kalamari u ż-żagħfran 43

Cavatelli bir-rugula u t-tadam 47

Orecchiette bir-ragout tal-majjal 49

Orecchiette bil-Brokkli Rabe 52

Orecchiette Bil-Pastard U Tadam 55

Orecchiette biz-zalzett u l-kaboċċi 57

Orecchiette bil-pixxispad 59

risotto abjad 68

Risotto taż-żagħfran stil Milaniż 71

risotto tal-ispraġ 74

Risotto bil-bżar aħmar 77

Risotto tat-tadam u r-rugula 80

Risotto bl-inbid aħmar u radicchio 83

Risotto bil-pastard krema 87

risotto tal-lumi 90

Risotto tal-ispinaċi 93

risotto tal-qara tad-deheb 96

Risotto Venezjana bil-piżelli 99

risotto tar-rebbiegħa 102

Risotto bit-tadam u l-fontina 106

Risotto tal-gambli u tal-karfus 109

Risotto bil-"frott tal-baħar" 114

Sieq tal-ħaruf mixwi bil-patata, tewm u klin 118

Riġel tal-Haruf bil-Lumi, Ħxejjex aromatiċi u Tewm 121

Zucchini mimli bil-ħaruf stewed 123

Fenek bl-inbid abjad u ħxejjex aromatiċi 125

Fenek biż-Żebbuġ 128

Fenek, stil Porchetta 130

Fenek bit-Tadam 133

Fenek stewed ħelu u qares 135

Fenek inkaljat bil-patata 138

qaqoċċ immarinat 141

Qaqoċċ Ruman 143

qaqoċċ stewed 145

Qaqoċċ, stil Lhudi 147

Stew tal-Hxejjex tar-Rebbiegħa Rumana 149

Qlub tal-qaqoċċ iqarmeċ 151

Qaqoċċ Mimli 153

Qaqoċċ mimli fi stil Sqalli 156

Asparagu "fil-taġen" 159

Asparagu biż-żejt u l-ħall 160

Asparagu bil-butir tal-lumi 162

Asparagu b'diversi zlazi 164

Asparagu bil-kappar dressing u bajd 166

Asparagu bil-ġobon Parmesan u butir 168

Asparagu u Pakketti tal-Prosciutto 170

asparagu inkaljat 172

Asparagu f'Zabaglione 174

Asparagu bit-Taleggio u pine nuts 176

timbale tal-ispraġ 178

Fażola tal-istil tal-pajjiż 180

fażola Toskana 182

Insalata tal-fażola 185

Fażola u kaboċċi 187

Fażola f'Zalza tas-Salvja tat-Tadam 189

Stew taċ-ċiċri 191

Fażola b'ħodor morr 193

Fażola friska, stil Ruman 196

Fażola friska, stil Umbri 198

Brokkoli Biż-Żejt U Lumi 200

Brokkoli, stil Parma 202

Brokkoli rabe bit-tewm u bżar jaħraq 204

Brokkoli Bil-Prosciutto 206

Sandwiches bil-Brokkli Rabe 208

Brokkoli rabe bil-bacon u t-tadam 210

Torti Żgħar tal-Ħxejjex 212

pastard moqli 214

Spinaċi u gnocchi tal-patata

Gnocchi minn Patate u Spinaci

Jagħmel 6 porzjonijiet

Filwaqt li mhux komunement magħmul fl-Italja, kultant inħobb inservi n-gnocchi bi stew jew stew. Jassorbu l-gravy tassew tajjeb u huma bidla sabiħa minn patata maxx jew polenta. Ipprova dawn l-injokki (mingħajr zalza jew ġobon) bħala side dish<u>Oxtail stewed stil Rumanjew</u><u>Stew taċ-ċanga mill-Friuli</u>.

Aħmi 11⁄2 libbra patata

Borża 1 (10 uqija) spinaċi, mirqum

Mielħa

2 tazzi dqiq għal kull skop, flimkien ma' aktar biex jiffurmaw l-injokki

1 bajda kbira, imsawta

   1/2 tazza<u>Zalza tal-butir u salvja</u>

1 tazza Parmigiano-Reggiano maħkuk frisk

1. Poġġi l-patata ġo borma kbira ilma kiesaħ biex tgħattiha. Għatti t-taġen u ħallih jagħli. Sajjar sakemm il-patata tkun delikata meta tittaqqab b'sikkina, madwar 20 minuta.

tnejn. Poġġi l-ispinaċi ġo kazzola kbira b'1/2 tazza ilma u melħ għat-togħma. Għatti u sajjar sakemm l-ispinaċi jkunu teneri, madwar 2 sa 3 minuti. Ixxotta l-ispinaċi u ħalliha tiksaħ. Poġġi l-ispinaċi fuq xugaman u agħfas l-umdità. Qatta l-ispinaċi fin ħafna.

3. Filwaqt li l-patata tkun għadha sħuna, qaxxar u aqta' f'kubi. Maxx il-patata bit-toqob iżgħar ta 'mitħna tal-ikel jew tad-dqiq, jew bl-idejn b'masher tal-patata. Żid l-ispinaċi, il-bajd u 2 kuċċarini melħ. Żid 11/2 tazza dqiq sakemm titħallat. L-għaġina tkun iebsa.

Erbgħa. Obrox il-patata fuq wiċċ bid-dqiq. Għaġna fil-qosor u żid kemm hemm bżonn dqiq biex tagħmel għaġina ratba, biżżejjed biex l-injokki jżommu l-forma tagħhom meta jkunu msajrin, iżda mhux tant li jsiru tqal. L-għaġina għandha tkun kemmxejn twaħħal. Meta jkollok dubju, ħalli tagħli taġen żgħir ilma u waqqa' biċċa għaġina bħala test.

Sajjar sakemm jitla' n-gnocco. Jekk l-għaġina tibda tinħall, żid aktar dqiq. Inkella l-għaġina hija tajba.

5. Warrab l-għaġina għalissa. Obrox il-bord biex tneħħi kwalunkwe għaġina li fadal. Aħsel u nixxef idejk u trabhom bid-dqiq. Ipprepara taġen tal-ħami wieħed jew tnejn u trab bid-dqiq.

6. Aqta 'l-għaġina fi 8 biċċiet. Waqt li żżomm l-għaġina li fadal mgħottija, irrombla biċċa waħda f'ħabel twil ħxuna ta' madwar 3/4 pulzier. Aqta 'l-ħabel f'nuggets ta' 1/2-il pulzier.

7. Biex tifforma l-għaġina, żomm furketta f'id waħda bil-pins ippuntati 'l isfel. Bil-kbir ta' idek l-oħra, irrombla kull biċċa għaġina fuq in-naħa ta' wara tas-snien, tagħfas ħafif biex tagħmel skanalaturi fuq naħa waħda u indentazzjoni fuq in-naħa l-oħra. Qiegħed in-njokks f'twaġen ippreparati. Il-biċċiet m'għandhomx imissu lil xulxin. Irrepeti bl-għaġina li fadal.

8. Friġġ in-gnocchi sakemm tkun lesta biex issajjar. (Gnocchi jistgħu jiġu ffriżati wkoll. Poġġi l-folji tal-ħami fil-friża għal

siegħa jew sakemm ikunu sodi. Poġġi n-gnocchi f'borża tal-plastik kbira u heavy-duty. Iffriża għal massimu ta' xahar. Idħollx qabel it-tisjir.)

9. Ipprepara z-zalza. Biex issajjar l-injokki, wassal borma kbira ilma għat-togħlija. Żid il-melħ għat-togħma. Baxxi n-nar sabiex l-ilma jagħli bil-mod. Waqqa madwar nofs in-gnocchi fl-ilma. Sajjar għal madwar 30 sekonda wara li joħorġu n-gnocchi. Neħħi l-injokki mit-taġen b'mgħarfa slotted u ixxotta sew.

10. Hu dixx li jservi baxx imsaħħan lest. Ferra saff irqiq ta' zalza sħuna fl-iskutella. Żid in-njokki u itfa bil-mod. Sajjar l-injokki li fadal bl-istess mod. Ferra aktar zalza u roxx bil-ġobon. Servi sħun.

Injokki tal-frott tal-baħar biz-zalza tat-tadam u żebbuġ

Gnocchi tal-Ħut biz-Zalza taż-Żebbuġ

Jagħmel 6 porzjonijiet

Fi Sqallija, l-injokki tal-patata kultant jiġu mħawra bil-lingwata jew ħut delikat ieħor. Jien inservihom bi zalza tat-tadam kemmxejn pikkanti, iżda zalza tal-butir u l-ħxejjex tkun ukoll delizzjuża. L-ebda ġobon mhu meħtieġ f'dan l-għaġin.

1 lira patata tal-ħami

1 1/4 tazza żejt taż-żebbuġa

1 basla żgħira mqatta' fin

1 sinna tewm

12-il uqija flett ta 'barbun jew ħut abjad ieħor delikat, maqtugħ f'biċċiet ta' 2 pulzieri

1 1/2 tazza inbid abjad niexef

Melħ u bżar iswed mitħun frisk

1 bajda kbira, imsawta

Madwar 2 tazzi dqiq għal kull skop

Dip

1 1/4 tazza żejt taż-żebbuġa

1 basla tar-rebbiegħa mqatta'

2 fletti tal-inċova

1 tablespoon pejst taż-żebbuġa sewda

2 tazzi tadam frisk imqaxxar, żerriegħa u mqatta' jew tadam Taljan fil-laned importat, imsoff u mqatta'

2 imgħaref tursin frisk imqatta'

Melħ u bżar iswed mitħun frisk

1. Poġġi l-patata ġo taġen ilma kiesaħ biex tgħatti. Hallih jagħli u sajjar sakemm tkun ferm ħafna meta mtaqqba b'sikkina. Ixxotta u ħallih jiksaħ.

tnejn. Fi skillet medju, qalli l-basla u t-tewm fiż-żejt taż-żebbuġa fuq nar medju għal 5 minuti sakemm il-basla tkun ratba. Żid il-ħut u sajjar għal minuta. Żid l-inbid, il-melħ u l-bżar għat-togħma. Sajjar sakemm il-ħut ikun sart u l-biċċa l-kbira tal-umdità tkun evaporat, madwar 5 minuti. Ħallih jiksaħ u obrox il-kontenut tat-taġen ġo food processor jew blender. Puree sakemm bla xkiel.

3.Għatti twaġen kbar b'fojl tal-aluminju jew wrap. Għaddi l-patata minn ikel jew caster wheel grinder fi skutella kbira. Żid il-puree tal-ħut u l-bajda. Bil-mod żid id-dqiq u l-melħ għat-togħma ma' għaġina kemmxejn li twaħħal. Knead fil-qosor sakemm lixxa u mħallta sew.

Erbgħa. Aqsam l-għaġina f'6 biċċiet. Waqt li żżomm l-għaġina li fadal mgħottija, irrombla biċċa waħda f'ħabel twil ħxuna ta' madwar 3/4 pulzier. Aqta 'l-ħabel f'nuggets twal ta' 1/2 pulzier.

5.Biex tifforma l-għaġina, żomm furketta f'id waħda bil-pins ippuntati 'l isfel. Bil-kbir ta' idek l-oħra, irrombla kull biċċa għaġina fuq in-naħa ta' wara tas-snien, tagħfas ħafif biex tagħmel skanalaturi fuq naħa waħda u indentazzjoni fuq in-naħa l-oħra. Qiegħed in-njokks f'twaġen ippreparati. Il-biċċiet m'għandhomx imissu lil xulxin. Irrepeti bl-għaġina li fadal.

6. Friġġ in-gnocchi sakemm tkun lesta biex issajjar. (Gnocchi jistgħu jiġu ffriżati wkoll. Poġġi l-folji tal-ħami fil-friża għal siegħa jew sakemm ikunu sodi. Poġġi n-gnocchi f'borża tal-plastik kbira u heavy-duty. Iffriża sa xahar. Idħollx qabel it-tisjir.)

7. Għaz-zalza, ħallat iż-żejt mal-basla tar-rebbiegħa f'taġen kbir. Żid il-fletti tal-inċova u sajjar sakemm l-inċova tinħall, madwar 2 minuti. Żid il-pejst taż-żebbuġ, it-tadam u t-tursin. Żid il-melħ u l-bżar u sajjar sakemm il-meraq tat-tadam jeħxen ftit, 8 sa 10 minuti. Ferra nofs iz-zalza fi skutella kbira u sħuna biex isservi.

8. Ipprepara l-gnocchi: Ħalli borma kbira ilma għat-togħlija. Żid il-melħ għat-togħma. Baxxi n-nar sabiex l-ilma jagħli bil-mod. Waqqa madwar nofs in-gnocchi fl-ilma. Sajjar għal madwar 30 sekonda wara li joħorġu n-gnocchi. Neħħi l-injokki mit-taġen b'mgħarfa slotted u ixxotta sew. Irranġa n-gnocchi fi skutella tas-servizz. Sajjar l-injokki li fadal bl-

istess mod. Żid iz-zalza li fadal u ħawwad bil-mod. Servi immedjatament.

Injokki aħdar fi zalza roża

Gnocchi Verdi fi Sauce Rossa

Jagħmel 6 porzjonijiet

L-ewwel kilt dawn il-għaġina f'Ruma, għalkemm huma aktar tipiċi tal-Emilia-Romagna u t-Toskana. Huma eħfef mill-injokki tal-patata, u l-ħodor imqatta' jagħtuhom tessut tal-wiċċ, u għalhekk m'għandekx bżonn tifforma l-pulpetti bil-furketta. Għal bidla, ipprova bexx bihom<u>Zalza tal-butir u salvja</u>.

   3 tazzi<u>Zalza roża</u>

1 libbra spinaċi, zkuk imneħħija

1 libbra chard Svizzera, zkuk imneħħija

1 1/4 tazza ilma

Mielħa

2 imgħaref butir bla melħ

1 1/4 tazza basla mqatta' fin

1 libbra irkotta sħiħa jew parzjalment xkumata

2 bajd kbar

1 1/2 tazza Parmigiano-Reggiano maħkuk frisk

1 1/4 kuċċarina noċemuskata mitħun

bżar iswed mitħun frisk

1 1/2 tazza dqiq għal kull skop

1. Ipprepara z-zalza. Imbagħad, ġo kazzola kbira, għaqqad iż-żewġ ħxejjex, ilma, u melħ għat-togħma. Sajjar għal 5 minuti jew sakemm tkun delikata. Ixxotta u ħallih jiksaħ. Kebbeb il-ħaxix f'xugaman u agħfas biex tiġbed il-likwidu. Qatta fin.

tnejn. Dewweb il-butir fi skillet medju fuq nar medju. Żid il-basla u sajjar, ħawwad spiss, għal madwar 10 minuti sakemm ikun kannella dehbi.

3. Fi skutella kbira, ħallat flimkien l-irkotta, il-bajd, 1 tazza Parmigiano-Reggiano, noċemuskata, u melħ u bżar għat-togħma. Żid il-basla u l-ħaxix imqatta' u ħawwad sew.

Hawwad id-dqiq sakemm jithallat sew. L-għaġina tkun ratba.

Erbgħa. Line folji tal-ħami bil-parċmina jew karta waxed. Nixarrab idejk b'ilma kiesaħ. Oħroġ tablespoon mill-għaġina. Hafif forma ballun 3/4-pulzier. Poġġi l-ballun fuq folja tal-ħami. Irrepeti bl-għaġina li fadal. Għatti bil-plastik u poġġi fil-friġġ sakemm tkun lesta biex issajjar.

5. Halli mill-inqas 4 litri ilma jagħli. Żid il-melħ għat-togħma. Naqqas ftit is-sħana. Żid nofs injokki ftit kull darba. Meta joħorġu fil-wiċċ, sajjar għal 30 sekonda oħra.

6. Ferra nofs iz-zalza sħuna fi skutella sħuna. Neħħi l-injokki b'kuċċarina u ixxotta sew. Żidhom mas-sors. Għatti u żomm sħun waqt li issajjar l-injokki li fadal bl-istess mod. Ferra l-bqija taż-zalza u l-ġobon. Servi sħun.

Injokki tas-smid

Gnocchi Alla Romana

Jagħmel 4 sa 6 porzjonijiet

Kun żgur li issajjar il-grits kompletament mal-likwidu. Jekk ikun imsajjar biżżejjed, għandu tendenza li jiddewweb f'għaġina minflok ma jżomm il-forma tiegħu waqt il-ħami. Imma anki jekk jiġri hekk, xorta se jkollok togħma kbira.

2 tazzi ħalib

2 tazzi ilma

1 tazza ta 'qamħ fini

2 kuċċarini melħ

4 imgħaref butir bla melħ

tnejn/3 tazzi Parmigiano-Reggiano maħkuk frisk

2 isfra tal-bajd

1. Fi kazzola medja, saħħan il-ħalib u 1 tazza ilma fuq sħana medja sakemm jagħli. Ħallat il-bqija tazza 1 ilma u granuli. Ferra t-taħlita fil-likwidu. Żid il-melħ. Sajjar, ħawwad kontinwament, sakemm it-taħlita tagħli. Naqqas is-sħana għall-baxx u sajjar, ħawwad sew, għal 20 minuta jew sakemm it-taħlita tkun ħoxna ħafna.

tnejn. Neħħi t-taġen minn fuq in-nar. Żid 2 imgħaref butir u nofs il-ġobon. Ħabbat malajr l-isfar tal-bajd bil-whisk.

3. Umida ħafif trej tal-ħami. Ferra żrar fuq folja u ferrex għal ħxuna ta '1/2 pulzier bi spatula tal-metall. Ħallih jiksaħ, għatti u fil-friġġ għal siegħa jew sa 48 siegħa.

Erbgħa. Poġġi xtilliera fiċ-ċentru tal-forn. Saħħan il-forn għal 400 ° F. Butir dixx tal-ħami ta '13 × 9 × 2 pulzieri.

5. Għaddas cookie ta' 11/2 pulzier jew cutter tal-gallettini f'ilma kiesaħ. Aqta 'flieli ta' żrar u poġġi biċċiet f'dixx ippreparat tal-ħami, kemmxejn sovrapposti.

6. Dewweb iż-2 imgħaref tal-butir li jifdal fi kazzola żgħira u drixx fuq in-gnocchi. Roxx bil-ġobon li fadal. Aħmi għal 20 sa 30 minuta jew sakemm ikun kannella dehbi u bżieżaq. Ħallih jiksaħ għal 5 minuti qabel ma sservi.

Għaġina tal-Abruzzo

Polpette di Pane al Sugo

Jagħmel 6 sa 8 porzjonijiet

Meta żort l-inbid Orlandi Contucci Ponno fl-Abruzzo, ħadt gost b'togħma ta' l-inbejjed eċċellenti tagħhom, inklużi kemm varjetajiet bojod minn Trebbiano d'Abruzzo u ħomor minn Montepulciano d'Abruzzo, kif ukoll diversi taħlitiet. Inbejjed tajbin daqs dawn jistħoqqilhom ikla tajba, u l-ikla tagħna ma ddiżappuntatx, speċjalment il-pulpetti magħmulin mill-bajd, ġobon u ħobż stewjati fiz-zalza tat-tadam. Għalkemm qatt ma kont ippruvajthom qabel, ftit riċerka għallmitni li dawn il-"pulpetti bla laħam" huma popolari wkoll f'reġjuni oħra tal-Italja, bħal Calabria u Basilicata.

Il-kok fil-kantina qaltli li għamlet il-pulpetti bil-mollika tal-ħobż, in-naħa ta' ġewwa tal-ħobż mingħajr il-qoxra. Nagħmilhom bil-ħobż kollu. Minħabba li l-ħobż Taljan li nixtri hawn mhuwiex sod daqs il-ħobż fl-Italja, il-qoxra tagħti struttura żejda lill-għaġina.

Jekk qed tippjana li tagħmilhom qabel iż-żmien, żomm il-pulpetti u z-zalza separati sal-ħin tas-servizz sabiex il-pulpetti ma jassorbux wisq zalza.

1 ħobża ta' 12-il uqija Ħobża Taljana jew Franċiża, maqtugħa f'biċċiet ta' pulzier (madwar 8 tazzi)

2 tazzi ilma kiesaħ

3 bajd kbar

1/2 tazzi Pecorino Romano maħkuk, flimkien ma' aktar biex isservi

1 1/4 tazza tursin frisk imqatta'

1 sinna tewm imqatta' fin

żejt veġetali għall-qali

Dip

1 basla medja, imqatta 'b'mod fin

1 1/2 tazza żejt taż-żebbuġa

2 bottijiet (28 uqija) tadam imqaxxar Taljan importat bil-meraq, imqatta

1 peoncino żgħir imnixxef, imfarrak jew niskata bżar aħmar mitħun

Mielħa

6 weraq tal-ħabaq frisk

1. Aqta' jew aqsam il-ħobż f'biċċiet żgħar jew itħan il-ħobż fi food processor għal frak oħxon. Xarrab il-ħobż fl-ilma għal 20 minuta. Agħfas il-ħobż biex tneħħi l-ilma żejjed.

tnejn. Fi skutella kbira, ħabbat il-bajd, il-ġobon, it-tursin u t-tewm bi ftit melħ u bżar għat-togħma. Żid il-ħobż imfarrak u ħawwad sew. Jekk it-taħlita tidher niexfa, żid bajda oħra. Ħallat sew. Ifforma lit-taħlita fi blalen daqs ballun tal-golf.

3. Ferra biżżejjed żejt ġo skillet kbir u tqil biex tilħaq fond ta' pulzier. Saħħan iż-żejt fuq sħana medja sakemm qatra mit-taħlita tal-ħobż tispiċċa meta tpoġġiha fiż-żejt.

Erbgħa. Żid il-blalen mal-skillet u sajjar, iddawwar bil-mod, sakemm kannella dehbi min-naħat kollha, madwar 10 minuti. Ħalli l-blalen ixxotta fuq karta tal-kċina.

5. Biex tagħmel iz-zalza, ġo kazzola kbira sajjar il-basla fiż-żejt taż-żebbuġa fuq nar medju sakemm jirtab. Żid it-tadam, il-peboncino u l-melħ għat-togħma. Sajjar fuq nar baxx għal 15-il minuta jew sakemm jitħaxxen ftit.

6. Żid il-blalen tal-ħobż u drixx biz-zalza. Sajjar għal 15-il minuta oħra fuq nar baxx. Roxx bil-ħabaq. Servi bil-ġobon żejjed.

Pancakes Mimlijin Ricotta

Manicotti

Jagħmel 6 sa 8 porzjonijiet

Filwaqt li ħafna koki jużaw tubi tal-għaġin biex jagħmlu l-manicotti, din hija r-riċetta tal-familja Naplitana ta' ommi, magħmula bil-pancakes. Manicotti lesti huma ħafna eħfef milli jkunu magħmula mill-għaġin, u xi koki jsibu manicotti aktar faċli biex jagħmlu mill-pancakes.

   3 tazzi [Ragout Naplitan](#)

pancakes

1 tazza dqiq għal kull skop

1 tazza ilma

3 bajd

1 1/2 kuċċarina melħ

Żejt veġetali

Mili

2 liri irkotta sħiħa jew parzjalment xkumata

4 uqija mozzarella friska, imqatta jew maħkuka

1/2 tazzi Parmigiano-Reggiano maħkuk frisk

1 bajda kbira

2 imgħaref tursin frisk imqatta'

bżar iswed mitħun frisk għat-togħma

Niskata melħ

1/2 tazzi Parmigiano-Reggiano maħkuk frisk

1.Ipprepara r-ragout. Imbagħad, fi skutella kbira, ħawwad l-ingredjenti tal-crepe sakemm ikunu bla xkiel. Għatti u friġġ għal 30 minuta jew aktar.

tnejn. Saħħan skillet jew omelette nonstick ta' 6 pulzieri fuq nar medju-għoli. Iksi t-taġen biż-żejt ħafif. Żomm il-skillet f'id waħda u ferra madwar 1/3 tazza tal-batter tal-crepe. Immedjatament erfa' t-taġen u dawwarha biex tiksi l-qiegħ kompletament b'saff irqiq ta' dawrien. Ferra l-batter żejjed. Sajjar għal minuta jew sakemm it-tarf tal-crepe jikkannella u jibda jqum mit-taġen. Dawwar il-crepe b'subgħajk u aqli n-naħa l-oħra sakemm ikun kannella ċar. Sajjar 30 sekonda itwal jew sakemm tismar.

3. Żerżaq il-crepe imsajjar fuq platt. Irrepeti, agħmel il-pancakes mill-batter li fadal u poġġihom fuq xulxin.

Erbgħa. Biex tagħmel il-mili, ħallat l-ingredjenti kollha fi skutella kbira sakemm magħquda.

5. Ifrex saff irqiq ta' zalza f'dixx tal-ħami ta' 13×9×2 pulzieri. Biex timla l-pancakes, mgħarfa madwar 1/4 tazza tal-mili mit-tul 'l isfel naħa waħda ta' crepe. Irrombla l-crepe f'ċilindru u poġġih bil-ħjata 'l isfel f'dixx tal-ħami. Kompli imla u irrombla l-pancakes li jkun fadal, u poġġihom fuq xulxin. Żid zalza żejda b'kuċċarina. Roxx bil-ġobon.

6. Poġġi xtilliera fiċ-ċentru tal-forn. Saħħan minn qabel il-forn għal 350 ° F. Aħmi minn 30 sa 45 minuta jew sakemm iz-zalza tbaqbaq u l-manicotti jissaħħan. Servi sħun.

Abruzzese crepe timbale bil-faqqiegħ

Timballo di Scrippelle

Jagħmel 8 porzjonijiet

Ħabiba li n-nanna tagħha kienet minn Teramo, fir-reġjun tal-Abruzzo, fakkret fil-platt tal-pancake tal-faqqiegħ u l-ġobon delizzjuż li għamlet nanna tagħha għall-vaganzi. Hawn verżjoni ta' dak il-platt li addattajt mill-ktieb Slow Food Editore Ricette di Osterie d'Italia. Skont il-ktieb, il-pancakes huma dixxendenti mill-preparazzjonijiet elaborati tal-crepe li koki Franċiżi introduċew fir-reġjun fis-seklu 17.

2 1/2 tazzi Zalza tat-tadam Toskana

pancakes

5 bajd kbar

1 1/2 tazza ilma

1 kuċċarina melħ

1 1/2 tazza dqiq għal kull skop

żejt veġetali għall-qali

Mili

1 tazza faqqiegħ imnixxef

1 tazza ilma sħun

1 1/4 tazza żejt taż-żebbuġa

1 libbra faqqiegħ abjad frisk, mlaħalħa u mqatta' ħxuna

1 sinna tewm imqatta' fin

2 imgħaref tursin frisk bil-weraq ċatt

Melħ u bżar iswed mitħun frisk

12-il uqija mozzarella friska, mirquma u maqtugħa f'biċċiet ta' 1 pulzier

1 tazza Parmigiano-Reggiano maħkuk frisk

1. Ipprepara z-zalza tat-tadam. Fi skutella kbira, ħallat l-ingredjenti tal-crepe sakemm ikunu bla xkiel. Għatti u friġġ għal 30 minuta jew aktar.

tnejn. Saħħan skillet jew omelette nonstick ta' 6 pulzieri fuq nar medju-għoli. Iksi t-taġen biż-żejt ħafif. Żomm il-skillet f'id waħda u ferra madwar 1/3 tazza tal-batter tal-crepe. Immedjatament erfa' t-taġen u dawwarha biex tiksi l-qiegħ kompletament b'saff irqiq ta' dawrien. Ferra l-batter żejjed. Sajjar 1 minuta jew sakemm it-tarf tal-crepe kannella u jibda jqum mit-taġen. Dawwar il-crepe b'subgħajk u aqli n-naħa l-oħra sakemm ikun kannella ċar. Sajjar 30 sekonda itwal jew sakemm tismar.

3.Żerżaq il-crepe imsajjar fuq platt. Irrepeti l-preparazzjoni tal-crepe mal-batter li jkun fadal, u stivarhom fuq xulxin.

Erbgħa.Għall-mili, xarrab il-faqqiegħ imnixxef fl-ilma għal 30 minuta. Neħħi l-faqqiegħ u żomm il-likwidu. Laħlaħ il-faqqiegħ taħt ilma ġieri kiesaħ biex tneħħi kwalunkwe żrar, billi tagħti attenzjoni partikolari lit-truf taż-zkuk fejn jakkumula l-ħmieġ. Aqta 'l-faqqiegħ f'biċċiet kbar. Iffiltra l-likwidu tal-faqqiegħ permezz ta' filtru tal-kafè tal-karta ġo skutella.

5.Saħħan iż-żejt ġo taġen kbir. Żid il-faqqiegħ. Sajjar, ħawwad spiss, sakemm il-faqqiegħ ikun kannella, 10 minuti. Żid it-tewm, it-tursin u l-melħ u l-bżar għat-togħma. Sajjar sakemm it-tewm ikun kannella dehbi, madwar 2 minuti aktar. Żid il-faqqiegħ imnixxef u l-likwidu tagħhom. Sajjar għal 5 minuti jew sakemm il-biċċa l-kbira tal-likwidu jkun evapora.

6. Poġġi xtilliera fiċ-ċentru tal-forn. Saħħan il-forn għal 375 ° F. Ferra saff irqiq ta 'zalza tat-tadam f'dixx tal-ħami ta' 13 × 9 × 2 pulzieri. Agħmel saff ta 'pancakes, ftit ikklikbithom. Segwi b'saff ta' faqqiegħ, mozzarella, zalza u ġobon. Irrepeti s-saffi u spiċċa bil-crêpes, zalza u ġobon maħkuk.

7. Aħmi għal 45 sa 60 minuta jew sakemm iz-zalza tkun tbaqbaq. Ħallih joqgħod għal 10 minuti qabel ma sservi. Aqta' fi kwadri u servi sħun.

Spagetti Toskan Artiġjanali Biz-Zalza tal-Laħam

Pici al Ragù

Jagħmel 6 porzjonijiet

Il-fergħat li tomgħod tal-għaġin magħmul bl-idejn huma popolari fit-Toskana u f'partijiet tal-Umbria, ġeneralment moħmija b'ragu tal-laħam. L-għaġin jissejjaħ pici jew pinci u ġej mill-kelma appicciata, li tfisser "miġbud bl-idejn".

Tgħallimt kif nagħmel dawn f'Montefollonico f'ristorant jismu La Chiusa fejn il-kok jiġi għal kull mejda u jagħti lill-mistednin ftit turija ta' kif jagħmluhom. Huma faċli ħafna biex isiru, għalkemm jieħdu ħafna ħin.

3 tazzi dqiq għal kull skop mhux ibbliċjat, flimkien ma 'aktar biex tifforma l-għaġina

Mielħa

1 tablespoon żejt taż-żebbuġa

Madwar tazza ilma

6 tazzi <u>Zalza tal-laħam Toskana</u>

1/2 tazzi Parmigiano-Reggiano maħkuk frisk

1. Poġġi d-dqiq u 1/4 kuċċarina melħ fi skutella kbira u ħawwad biex tgħaqqad. Ferra żejt taż-żebbuġa fiċ-ċentru. Ibda ħawwad it-taħlita hekk kif żid l-ilma bil-mod, ieqaf meta l-għaġina tibda tgħaqqad u tifforma ballun. Neħħi l-għaġina għal wiċċ ħafif floured u għaġna sakemm tkun lixxa u elastika, madwar 10 minuti.

tnejn. Ifforma l-għaġina f'ballun. Għatti bi skutella maqluba u ħalli joqgħod għal 30 minuta.

3. Itfa' taġen kbir tal-ħami bid-dqiq. Aqsam l-għaġina fi kwarti. Aħdem dejjem bi kwart tal-għaġina u żomm il-bqija mgħotti. Oqros biċċiet żgħar daqs ġellewża.

Erbgħa. Fuq wiċċ ħafif floured, iċċattja kull biċċa għaġina b'idejk fi linji rqaq ħoxnin madwar pulzier. Poġġi l-fergħat fuq il-folja tal-ħami ppreparata b'xi spazju bejniethom. Irrepeti bl-għaġina li fadal. Ħalli l-pejst jinxef mikxufa għal madwar siegħa.

5. Sadanittant, ipprepara z-zalza. Imbagħad ħalli 4 litri ilma jagħli f'tagen kbir. Żid il-melħ għat-togħma. Żid il-pici u sajjar sakemm al dente, artab iżda xorta sod għall-gidma. Ixxotta u itfa' l-għaġin biz-zalza fi skutella kbira msaħħna. Roxx bil-ġobon u erġa ħawwad. Servi sħun.

Pici bit-tewm u l-frak tal-ħobż

Pici ma le Briciole

Jagħmel 4 sa 6 porzjonijiet

Dan il-platt ġej minn La Fattoria, ristorant pittoresk maġenb il-lag ħdejn il-belt Etruska ta' Chiusi.

> 1 liraSpagetti Toskan Artiġjanali Biz-Zalza tal-Laħam, passi 1 sa 6

1 1/2 tazza żejt taż-żebbuġa

4 sinniet kbar tat-tewm

1 1/2 tazza frak tal-ħobż fin niexef

1 1/2 tazza Pecorino Romano maħkuk frisk

1. Ipprepara l-għaġin. Fi skillet kbira biżżejjed biex iżżomm l-għaġin kollu, saħħan iż-żejt fuq nar medju. Għaffeġ ħafif il-qronfol tat-tewm u żidhom fit-taġen. Sajjar sakemm it-tewm ikun kannella dehbi, madwar 5 minuti. Tħallix kannella. Neħħi t-tewm mit-taġen u żid il-frak tal-ħobż.

Sajjar, ħawwad spiss, sakemm il-frak ikun kannella dehbi, madwar 5 minuti.

tnejn. Sadanittant, ħalli għall-inqas 4 litri ilma. Żid l-għaġin u 2 imgħaref melħ. Hawwad sew. Sajjar fuq nar għoli, ħawwad ta' spiss, sakemm l-għaġin ikun al dente, artab iżda sod meta tigid fih. Ixxotta l-għaġin.

3.Żid l-għaġin fit-tagen bil-frak u ħawwad sew fuq nar medju. Roxx bil-ġobon u erġa ħawwad. Servi immedjatament.

għaġina tal-għaġin tas-smid

Jagħmel madwar 1 lb

Is-smid tal-qamħ durum jintuża biex isiru diversi tipi ta' għaġin frisk fin-Nofsinhar tal-Italja, speċjalment fil-Puglia, Calabria u Basilicata. Meta jkun imsajjar, dan l-għaġin ikun tomgħod u jgħaqqad tajjeb ma' zlazi tal-laħam u tal-ħaxix b'saħħithom. L-għaġina hija iebsa ħafna. Jista 'jkun magħġuna bl-idejn, għalkemm huwa pjuttost eżerċizzju. Nippreferi nuża food processor jew heavy-duty mixer biex inagħmel it-taħlita tqila u mbagħad għaġnaha fil-qosor bl-idejn biex niżgura li l-konsistenza tkun it-tajba.

1 1/2 tazza smid fin

1 tazza dqiq għal kull skop, kif ukoll aktar għat-tfarfir

1 kuċċarina melħ

Madwar 2/3 tazza ilma sħun

1. Fl-iskutella ta 'proċessur tal-ikel heavy-duty jew mixer, għaqqad l-ingredjenti niexfa. Bil-mod żid l-ilma biex tagħmel għaġina soda u li ma twaħħalx.

tnejn. Poġġi l-għaġina fuq wiċċ ħafif bid-dqiq. Knead sakemm lixxa, madwar 2 minuti.

3. Għatti l-għaġina bi skutella u ħalliha tistrieħ għal 30 minuta. Itfa' żewġ trejs kbar tal-ħami bid-dqiq.

Erbgħa. Aqta 'l-għaġina fi 8 biċċiet. Aħdem b'biċċa waħda kull darba u żomm il-biċċiet li fadal mgħottija bi skutella mdawwar 'il fuq. Fuq wiċċ ħafif floured, irrombla biċċa għaġina f'ħabel twil madwar pulzier ħoxna. Ifforma l-għaġina f'cavatelli jew orrecchiette, kif deskritt fl-istruzzjonijiet<u>Cavatelli ma' Ragù</u>riċetta.

Cavatelli ma' Ragù

Cavatelli ma' Ragù

Jagħmel 6 sa 8 porzjonijiet

Ħwienet u katalgi li jispeċjalizzaw fit-tagħmir li jagħmel l-għaġin spiss ibigħu cavatelli maker. Jidher bħal grinder tal-laħam antik. Jikklampha mal-bank, idaħħal biċċa għaġina f'tarf wieħed, idawwar il-manku u l-cavatelli magħmulin tajjeb joħorġu mit-tarf l-ieħor. Jagħmel xogħol qasir ta' lott ta' din l-għaġina, imma ma niddejjaqx sakemm ma nagħmelx cavatelli spiss.

Meta tifforma l-cavatelli, aħdem fuq wiċċ tal-injam jew wiċċ ieħor maħdum. Il-wiċċ mhux maħdum iżomm il-biċċiet tal-għaġina tal-għaġin sabiex tkun tista' tkaxkarhom bis-sikkina minflok ma tiżżerżaqhom madwar bħalma tagħmel fuq countertop lixx u jiżloq.

[ragout taz-zalzett](#)jew[Zalza tat-tadam Sqallija](#)

1 li[ragħaġina tal-għaġin tas-smid](#)ippreparat permezz tal-pass 4

Mielħa

1. Ipprepara r-ragu jew iz-zalza. Ipprepara 2 tilari tal-ħami imbexxex bid-dqiq.

tnejn. Aqta' l-għaġina f'biċċiet ta' 1/2-il pulzier. Żomm sikkina żgħira b'xafra ċatta u ponta tond b'saba' l-indiċi tagħfas ix-xafra. Iċċattja kull biċċa għaġina, agħfas u tkaxkar ħafif sabiex l-għaġina tindawwar madwar it-tarf tas-sikkina biex tifforma qoxra.

3. Aqsam il-biċċiet fit-twaġen ippreparati. Irrepeti bl-għaġina li fadal. (Jekk mhux se tkun qed tuża l-cavatelli għal siegħa, poġġi t-twaġen fil-friża. Jekk il-biċċiet huma sodi, poġġi f'borża tal-plastik u issiġilla sewwa. Idħollx qabel isajjar.)

Erbgħa. Qabel it-tisjir, ħalli erba' litri ilma kiesaħ jagħli fuq nar għoli. Żid il-cavatelli u 2 imgħaref melħ. Sajjar, waqt li ħawwad kultant, sakemm l-għaġin ikun delikat iżda għadu ftit chewy.

5. Ixxotta l-cavatelli u ittrasferixxi fi skutella biex isservi sħun. Ħallat maz-zalza. Servi sħun.

Cavatelli bil-kalamari u ż-żagħfran

Cavatelli ma' Sugo di Calamari

Jagħmel 6 porzjonijiet

In-nisġa kemmxejn tomgħod tal-kalamari tikkumplimenta l-mogħdija tal-cavatelli f'din ir-riċetta Sqallija kontemporanja. Iz-zalza tikseb tessut lixx u bellus minn taħlita ta' dqiq u żejt taż-żebbuġa u kulur isfar sabiħ miż-żagħfran.

1 kuċċarina ħjut taż-żagħfran

2 imgħaref ta 'ilma sħun

1 basla medja, imqatta 'b'mod fin

2 sinniet tewm, imqattgħin fin ħafna

5 imgħaref żejt taż-żebbuġa

1 lira nadifa<u>kalamari</u>(klamari), maqtugħ f'ċrieki ta' 1 pulzier (2.5 ċm).

1 1/2 tazza inbid abjad niexef

Melħ u bżar iswed mitħun frisk

1 tablespoon dqiq

1 libbra cavatelli friski jew iffriżati

1 1/4 tazza tursin frisk imqatta'

żejt taż-żebbuġa extra verġni

1. Farrak iż-żagħfran fl-ilma sħun u żomm.

tnejn. Fi skillet kbira biżżejjed biex iżżomm l-għaġin kollu, sajjar il-basla u t-tewm f'4 imgħaref żejt fuq nar medju sakemm il-basla tismar ftit, madwar 10 minuti. Żid il-kalamari u sajjar, ħawwad, sakemm il-kalamari jkun opak, madwar 2 minuti. Żid l-inbid u l-melħ u l-bżar għat-togħma. Hallih jagħli u sajjar għal minuta.

3. Hallat il-kuċċarina taż-żejt li jifdal u d-dqiq. Żid it-taħlita mal-klamari. Hallih jagħli. Żid it-taħlita taż-żagħfran u sajjar għal 5 minuti oħra.

Erbgħa. Sadanittant, ħalli għall-inqas 4 litri ilma. Żid l-għaġin u 2 imgħaref melħ. Hawwad sew. Sajjar fuq nar għoli, ħawwad ta' spiss, sakemm l-għaġin ikun tener iżda imsajjar ħafif. Ixxotta l-għaġin, imma żomm ftit mil-likwidu tat-tisjir.

5. Ħawwad l-għaġin fit-taġen mal-klamari. Żid ftit mill-ilma tat-tisjir riżervat jekk it-taħlita tidher niexfa. Żid it-tursin u ħawwad sew. Neħħi minn fuq in-nar u drixx bi ftit żejt taż-żebbuġa extra verġni. Servi immedjatament.

Cavatelli bir-rugula u t-tadam

Cavatelli ma' Rughetta u Pomodori

Jagħmel 4 sa 6 porzjonijiet

Arugula hija aktar komunement magħrufa bħala insalata ħadra, iżda fil-Puglia spiss tiġi mgħollija jew, bħal f'din ir-riċetta, titħallat f'soppa sħuna jew platti tal-għaġin fl-aħħar minuta biex idbiel. Jogħġobni t-togħma pikkanti u tal-ġewż li żżid.

1 1/4 tazza żejt taż-żebbuġa

2 sinniet tewm imqatta' fin

2 liri tadam tal-għanbaqar misjur, imqaxxar, żerriegħa u mqatta', jew bott 1 (28 uqija) tadam imqaxxar Taljan importat bil-meraq tiegħu

Melħ u bżar iswed mitħun frisk

1 libbra cavatelli friski jew iffriżati

1/2 tazzi ricotta salata maħkuk jew Pecorino Romano

1 mazz kbir arugula, mirqum u maqtugħ f'biċċiet żgħar (madwar 2 tazzi)

1. Fi skillet kbira biżżejjed biex iżżomm l-ingredjenti kollha, sajjar it-tewm fiż-żejt fuq shana medja sakemm tismar ħafif, madwar 2 minuti. Żid it-tadam u l-melħ u l-bżar għat-togħma. Halli ż-zalza tagħli u sajjar sakemm tiħaxxen, madwar 20 minuta.

tnejn. Halli mill-inqas 4 litri ilma jagħli. Żid l-għaġin u l-melħ għat-togħma. Hawwad sew. Sajjar fuq nar għoli, ħawwad spiss, sakemm l-għaġin ikun imsajjar. Ixxotta l-għaġin, imma żomm ftit mil-likwidu tat-tisjir.

3. Żid l-għaġin maz-zalza tat-tadam b'nofs il-ġobon. Żid ir-rugula u ħawwad sew. Żid ftit mill-ilma tat-tisjir riservat jekk l-għaġin jidher niexef wisq. Roxx mal-ġobon li jifdal u servi immedjatament.

Orecchiette bir-ragout tal-majjal

Orecchiette bir-Ragù di Maiale

Jagħmel 6 sa 8 porzjonijiet

Il-ħabiba tiegħi Dora Marzovilla hija minn Rutigliano, qrib Bari. Hija esperta biex tagħmel l-għaġin u tgħallimt ħafna milli naraha. Dora għandha bord speċjali tal-għaġin tal-injam li jintuża biss biex isir l-għaġin. Filwaqt li Dora tagħmel ħafna tipi ta' għaġin frisk, bħal gnocchi, cavatelli, ravjul, u maloreddus, l-injokki taż-żagħfran ta' Sardinja, għar-ristorant tal-familja tagħha f'New York City, I Trulli, huma l-orecchiette ta' speċjalità tagħha.

Li tagħmel l-orecchiette hija simili ħafna biex tagħmel il-cavatelli. Id-differenza ewlenija hija li l-qoxra tal-għaġin għandha forma ta 'koppla aktar miftuħa, tip ta' frisbee rasu 'l isfel jew, fl-immaġinazzjoni Taljana immaġinattiva, widnejn żgħar, li huwa kif ħadu isimhom.

    1 riċetta<u>għaġina tas-smid</u>

    3 tazzi<u>Ragout tal-majjal bil-ħxejjex aromatiċi friski</u>

1 1/2 tazza Pecorino Romano maħkuk frisk

1. Ipprepara r-ragù u l-għaġina. Lesti 2 tilari tal-ħami kbar imbexxex bid-dqiq. Aqta' l-għaġina f'biċċiet ta' 1/2-il pulzier. Żomm sikkina żgħira b'xafra ċatta u ponta tond b'saba' l-indiċi tagħfas ix-xafra. Iċċattja kull biċċa għaġina bil-ponta tas-sikkina, tagħfas u tkaxkar ħafif biex l-għaġina tifforma diska. Aqleb kull diska fuq il-ponta ta 'l-kbir, u toħloq forma ta' koppla.

tnejn. Aqsam il-biċċiet fit-twaġen ippreparati. Irrepeti bl-għaġina li fadal. (Jekk m'intix qed tuża l-orecchiette fi żmien siegħa, poġġi l-casseroles fil-friża. Jekk il-biċċiet huma sodi, poġġi f'borża tal-plastik u issiġilla sewwa. Idħollx qabel isajjar.)

3. Halli mill-inqas 4 litri ilma jagħli. Żid l-għaġin u l-melħ għat-togħma. Hawwad sew. Sajjar fuq nar għoli, ħawwad ta' spiss, sakemm l-għaġin ikun al dente, artab iżda sod meta tigid fih. Ixxotta l-għaġin, imma żomm ftit mil-likwidu tat-tisjir.

Erbgħa. Żid l-għaġin mar-ragu. Żid il-ġobon u ħawwad sew, żid ftit mill-ilma tat-tisjir riservat jekk iz-zalza tidher ħoxna wisq. Servi immedjatament.

Orecchiette bil-Brokkli Rabe

Orecchiette bi Cime di Monkfish

Jagħmel 4 sa 6 porzjonijiet

Dan huwa pjuttost id-dixx uffiċjali tal-Puglia, u ma ssibu aħjar imkien ieħor. Jappella għall-brokkoli rabe, imsejjaħ ukoll rapini, għalkemm jistgħu jintużaw ukoll ħodor tan-nevew, ħodor tal-mustarda, ħodor tal-collard, jew brokkoli regolari. Il-brokkoli rabe għandu zkuk twal u weraq u togħma morra pjaċevoli, għalkemm it-tisjir jirtab u jtenni xi ftit l-imrar.

1 mazz brokkoli rabe (madwar 1½ libbra), maqtugħ f'biċċiet ta' 1 pulzier

Mielħa

⅓ tazzi żejt taż-żebbuġa

4 sinniet tewm

8 fletti tal-inċova

niskata bżar aħmar mitħun

1 libbra orecchiette jew cavatelli friski

1. Halli taġen kbir ilma għat-togħlija. Żid il-brokkoli rabe u l-melħ għat-togħma. Għalli l-brokkoli rabe għal 5 minuti u mbagħad ixxotta. Għandu xorta jkun sod.

tnejn. Nixxef il-vażett. Saħħan iż-żejt bit-tewm fuq sħana medja. Żid l-inċova u l-bżar aħmar. Meta t-tewm ikun kannella dehbi, żid il-brokkoli rabe. Sajjar, ħawwad sew biex iksi l-brokkoli biż-żejt, sakemm isir tender, madwar 5 minuti.

3. Halli mill-inqas 4 litri ilma jagħli. Żid l-għaġin u l-melħ għat-togħma. Ħawwad sew. Sajjar fuq nar għoli, ħawwad ta' spiss, sakemm l-għaġin ikun al dente, artab iżda sod meta tigid fih. Ixxotta l-għaġin, imma żomm ftit mil-likwidu tat-tisjir.

Erbgħa. Żid l-għaġin mal-brokkoli rabe. sajjar, ħawwad, għal minuta jew sakemm l-għaġin ikun imħallat sew. Żid ftit mill-ilma tat-tisjir jekk meħtieġ.

Varjazzjoni: Neħħi l-inċova. Servi l-għaġin imbexxex bil-lewż mixwi mqatta' jew Pecorino Romano maħkuk.

Varjazzjoni: Neħħi l-inċova. Neħħi l-kisi minn 2 zalzett Taljan. Qatta' l-laħam fin u sajjar flimkien mat-tewm, il-bżar jaħraq u l-brokkoli rabe. Servi imbexxex bil-Pecorino Romano.

Orecchiette Bil-Pastard U Tadam

Orecchiette ma Cavolfiore u Pomodori

Jagħmel 4 sa 6 porzjonijiet

Qrib Sqalli għallimni nagħmel dan l-għaġin, iżda jittiekel ukoll fil-Puglia. Jekk trid, tista' tissostitwixxi l-frak tal-ħobż bil-ġobon maħkuk.

1/3 tazza flimkien ma' 2 imgħaref żejt taż-żebbuġa

1 sinna tewm imqatta' fin

3 liri tadam tal-għanbaqar, imqaxxar, żerriegħa u mqatta' jew bott 1 (28 uqija) tadam imqaxxar Taljan importat, bil-meraq tagħhom, imqatta'

1 pastard medju, imnaddaf u maqtugħ f'floretti

Melħ u bżar iswed mitħun frisk

3 imgħaref frak tal-ħobż niexef

2 inċova, imqatta' (mhux obbligatorju)

1 libbra orecchiette friski

1. Fi skillet kbira biżżejjed biex iżżomm l-ingredjenti kollha, sajjar it-tewm f'1/3 tazza żejt taż-żebbuġa fuq sħana medja sakemm ikun kannella dehbi. Żid it-tadam u l-melħ u l-bżar għat-togħma. Hallih jagħli u sajjar għal 10 minuti.

tnejn. Żid il-pastard. Għatti u sajjar, ħawwad kultant, sakemm il-pastard tkun delikata ħafna, madwar 25 minuta. Maxx ftit pastard b'dahar ta' mgħarfa.

3. Fi skillet żgħir, saħħan iż-żewġ imgħaref żejt li jifdal fuq sħana medja. Żid il-frak tal-ħobż u l-inċova jekk mixtieq. Sajjar, ħawwad, sakemm il-frak ikun mixwi u ż-żejt jiġi assorbit.

Erbgħa. Halli mill-inqas 4 litri ilma jagħli. Żid l-għaġin u l-melħ għat-togħma. Sajjar, ħawwad spiss, sakemm l-għaġin ikun al dente, teneri iżda sod għall-gidma. Ixxotta l-għaġin, imma żomm ftit mil-likwidu tat-tisjir.

5. Hallat l-għaġin maz-zalza tat-tadam u l-pastard. Żid ftit mill-ilma tat-tisjir jekk meħtieġ. Roxx bil-frak tal-ħobż u servi immedjatament.

Orecchiette biz-zalzett u l-kaboċċi

Orecchiette bis-Salsiccia u l-Cavolo

Jagħmel 6 porzjonijiet

Meta l-ħabiba tiegħi Domenica Marzovilla ġiet lura minn vjaġġ lejn it-Toskana, iddeskrivietli dan l-għaġin li kienet kielet fid-dar ta' ħabiba. Kienet tinstema tant sempliċi u tajba li mort id-dar u għamilt dan.

2 imgħaref żejt taż-żebbuġa

8 uqija zalzett tal-majjal ħelu

8 uqija zalzett tal-majjal sħun

2 tazzi tadam Taljan importat fil-laned, imsaffi u mqatta

Mielħa

1 libbra kaboċċa savoy (madwar 1/2 ras medja)

1 libbra orecchiette jew cavatelli friski

1. Saħħan iż-żejt f'kazzola medja fuq nar medju. Żid iz-zalzett u sajjar sakemm tismar min-naħat kollha, madwar 10 minuti.

tnejn. Żid it-tadam u niskata melħ. Hallih jagħli u sajjar sakemm iż-zalza teħxien, madwar 30 minuta.

3. Aqta 'l-qalba tal-kaboċċi. Aqta 'l-kaboċċa fi strixxi rqaq.

Erbgħa. Halli taġen kbir ilma għat-togħlija. Żid il-kaboċċi u sajjar għal minuta wara li l-ilma jerġa' jagħli. Oħroġ il-kaboċċa b'kuċċarina slotted. Ixxotta sew. Iffranka l-ilma tat-tisjir.

5. Neħħi ż-zalzett fuq bord tat-tqattigħ, u ħalli ż-zalza fit-taġen. Żid il-kaboċċi maz-zalza; sajjar għal 15-il minuta. Aqta 'z-zalzett fi flieli rqaq.

6. Erġa' ħalli l-ilma jagħli u sajjar l-għaġin bil-melħ għat-togħma. Ixxotta sew u ħallat maz-zalzett u z-zalza. Servi sħun.

Orecchiette bil-pixxispad

Orecchiette ma Pesce Spada

Jagħmel 4 sa 6 porzjonijiet

Il-pixxispad jista' jiġi sostitwit bit-tonn jew bil-kelb il-baħar jekk mixtieq. It-tmelliħ tal-brunġiel ineħħi ftit mill-meraq morr u jtejjeb in-nisġa, għalkemm ħafna koki jqisu dan il-pass mhux meħtieġ. Jien dejjem nagħtiha l-melħ, imma l-għażla hija tiegħek. Il-brunġiel jista' jissajjar diversi sigħat qabel l-għaġin. Saħnha fuq folja tal-ħami f'forn ta '350°F għal 10 minuti jew hekk qabel ma sservi. Dan l-għaġin Sqalli mhux tas-soltu fit-tisjir Taljan għax għalkemm iz-zalza fiha ħut, huwa lest bil-ġobon, li jżid ir-rikkezza.

1 brunġiel kbir jew 2 żgħar (madwar 1 1/2 libbra)

Melħ oħxon

Qamħirrum jew żejt veġetali ieħor għall-qali

3 imgħaref żejt taż-żebbuġa

1 sinna kbira tat-tewm, imqatta' fin ħafna

2 basal aħdar, imqatta 'b'mod fin

8 uqija pixxispad jew flett ieħor tal-ħut imlaħħam (madwar 1/2 pulzier ħoxna), ġilda mneħħija, maqtugħa f'biċċiet ta' 1/2 pulzier

bżar iswed mitħun frisk għat-togħma

2 imgħaref ħall tal-inbid abjad

2 tazzi tadam frisk imqaxxar, żerriegħa u mqatta' jew tadam Taljan fil-laned importat imqatta' bil-meraq tiegħu

1 kuċċarina weraq tal-oregano frisk, imqatta', jew niskata oregano imnixxef

1 libbra orecchiette jew cavatelli friski

1/3 tazzi Pecorino Romano maħkuk frisk

1. Aqta 'l-brunġiel f'dadi ta' 1 pulzier. Poġġi l-biċċiet ġo colander fuq platt u roxx ġeneruż bil-melħ. Hallih joqgħod għal 30 minuta sa siegħa. Laħlaħ il-biċċiet tal-brunġiel malajr. Poġġi l-biċċiet fuq karta tal-kċina u agħfashom sakemm jinxfu.

tnejn. Fi skillet kbira u fond fuq sħana medja, saħħan madwar 1/2 pulzier żejt. Biex tittestja ż-żejt, poġġi bir-reqqa biċċa żgħira tal-brunġiel fiha. Meta tisraq u sajjar malajr, żid brunġiel biżżejjed biex tagħmel saff wieħed. Timlax il-vażett. Sajjar, ħawwad kultant, sakemm il-brunġiel ikun iqarmeċ u kannella dehbi, madwar 5 minuti. Neħħi l-biċċiet b'kuċċarina slotted. Ixxotta sew fuq karta tal-kċina. Irrepeti bil-brunġiel li jifdal. Imwarrab.

3. Fi skillet medju fuq nar medju, sajjar iż-żejt taż-żebbuġa mat-tewm u l-basal tar-rebbiegħa għal 30 sekonda. Żid il-ħut u ferrex bil-melħ u l-bżar. Sajjar, ħawwad kultant, sakemm il-ħut ma jibqax roża, madwar 5 minuti. Żid il-ħall u sajjar għal minuta. Żid it-tadam u l-oregano. Ħallih jagħli u sajjar għal 15-il minuta, jew sakemm jitħaxxen ftit.

Erbgħa. Sadanittant, wassal borma kbira ilma kiesaħ għat-togħlija. Żid il-melħ għat-togħma u l-għaġin. Sajjar, ħawwad kultant, sakemm al dente, artab iżda sod. Ixxotta sew.

5. Għaqqad l-għaġin, zalza, u brunġiel fi skutella kbira sħuna. Ħallat sew. Żid il-ġobon. Servi sħun.

Ross, qamħirrum u qmuħ oħra

Mill-ħafna tipi ta' ħbub imkabbra u użati madwar l-Italja, id-dqiq tar-ross u tal-qamħirrum huma l-aktar komuni. Farro, kuskus u xgħir huma favoriti reġjonali, kif huma berries tal-qamħ.

Ir-ross l-ewwel inġieb l-Italja mill-Lvant Nofsani. Tikber partikolarment tajjeb fit-Tramuntana tal-Italja, speċjalment fir-reġjuni tal-Piemonte u l-Emilia-Romagna.

Il-koki Taljani huma speċifiċi ħafna dwar it-tip ta 'ross tal-qamħ medju li jippreferu, għalkemm id-differenzi bejn il-varjetajiet jistgħu jkunu sottili. Ħafna koki jispeċifikaw tip wieħed għal risotto tal-frott tal-baħar u ieħor għal risotto magħmul bil-ħaxix. Ħafna drabi l-preferenzi huma reġjonali jew sempliċiment tradizzjonali, għalkemm kull varjetà għandha karatteristiċi speċifiċi. Ir-ross Carnaroli jżomm il-forma tiegħu sew u jagħmel risotto kemmxejn aktar krema. Vialone Nano issajjar aktar malajr u għandu togħma aktar ħafifa. Arborio huwa l-aktar magħruf u disponibbli b'mod wiesa ', iżda t-togħma hija inqas sottili. Huwa aħjar għal risotto magħmul b'ingredjenti b'togħma qawwija.

Kwalunkwe waħda minn dawn it-tliet varjazzjonijiet tista' tintuża għar-riċetti tar-risotto f'dan il-ktieb.

Il-qamħirrun huwa qamħ relattivament ġdid fl-Italja. Kien biss wara l-esplorazzjoni Ewropea tad-Dinja l-Ġdida li l-qamħirrum wasal fi Spanja u minn hemm infirex mal-kontinent kollu. Il-qamħirrun huwa faċli u irħis biex jikber, għalhekk dalwaqt kien imħawla b'mod wiesa '. Ħafna minnu jitkabbar għall-għalf tal-annimali, iżda l-qamħirrum, kemm abjad kif ukoll isfar, jintuża l-aktar għall-polenta. Huwa rari li ssib qamħ fuq iċ-ċfugħ li jittiekel fl-Italja, ħlief f'Napli, fejn il-bejjiegħa kultant ibigħu qamħ inkaljat bħala ikel fit-triq. Ir-Rumani kultant iżidu qlub tal-qamħ fil-laned mal-insalati, iżda hija rarità eżotika.

Farro u qmuħ bħall-qamħ huma l-aktar komuni fiċ-ċentru u fin-Nofsinhar tal-Italja, fejn jitkabbru. Farro, varjetà antika ta' qamħ, huwa meqjus bħala ikel tajjeb għas-saħħa mit-Taljani. Huwa eċċellenti fis-sopop, insalati u preparazzjonijiet oħra.

Ix-xgħir huwa qamħ tal-qedem li jikber sew f'reġjuni aktar kesħin tat-Tramuntana. Ir- Rumani mitmugħ xgħir u qmuħ oħra lill- armati tagħhom. Kien imsajjar f'poriġ jew soppa magħrufa bħala polz, probabbilment il-predeċessur tal-polenta. Illum, ix-xgħir jinsab prinċipalment fil-grigal tal-Italja qrib l-Awstrija, imsajjar bħala risotto jew miżjud mas-soppa.

Il-kuskus, magħmul mid-dqiq tal-qamħ durum irrumblat fi blalen żgħar, huwa tipiku ta' Sqallija tal-Punent u huwa fdal tal-ħakma Għarbija tar-reġjun sekli ilu. Normalment ikun imsajjar ma 'frott tal-baħar jew brodu tal-laħam.

ROSS

Ir-ross jitkabbar fit-Tramuntana tal-Italja fir-reġjuni tal-Piemonte u l-Emilia-Romagna, u huwa ikel bażiku spiss jittiekel bħala starter minflok għaġin jew soppa. Il-metodu klassiku ta 'tisjir tar-ross huwa bħal risotto, dik hija l-idea tiegħi ta' ross fis-sema!

Jekk qatt ma għamiltha qabel, it-teknika tar-risotto tista 'tidher mhux tas-soltu. L-ebda kultura oħra ma tipprepara r-ross bħat-Taljani, għalkemm it-teknika hija simili għat-teħid tal-pilaf, fejn ir-ross jiġi moqli u mbagħad imsajjar u l-likwidu tat-tisjir jiġi assorbit. L-idea hi li r-ross issajjar b'tali mod li joħroġ il-lamtu u jifforma zalza krema. Ir-ross lest għandu jkun artab, iżda sod għall-gidma, al dente. Il-ħbub assorbew it-togħmiet tal-ingredjenti l-oħra u huma mdawra b'likwidu kremuż. Għall-aħjar riżultati, ir-risotto għandu jittiekel immedjatament wara t-tisjir, inkella jista 'jsir niexef u mushy.

Ir-risotto għandu togħma aħjar meta tippreparah id-dar. Ftit ristoranti jistgħu jqattgħu ħin isajjar ir-risotto kemm għandhom bżonn, għalkemm mhux ħafna. F'ħafna kċejjen tar-ristoranti, ir-ross huwa saħansitra parzjalment imsajjar minn qabel u mbagħad imkessaħ. Meta xi ħadd jordna risotto, ir-ross jissaħħan u jiżdied likwidu bit-togħmiet meħtieġa biex jitlesta t-tisjir.

Ladarba tifhem il-proċedura, il-preparazzjoni tar-risotto hija pjuttost faċli u tista 'tiġi adattata għal ħafna kombinazzjonijiet ta' ingredjenti differenti. L-ewwel pass biex isir ir-risotto huwa li tikseb it-tip ta' ross it-tajjeb. Ir-ross tal-qamħa twila, kif komunement jinstab fl-Istati Uniti, mhuwiex adattat biex isir ir-risotto għax ma fihx it-tip korrett ta' lamtu. Ir-ross ta' qamħ medju, normalment mibjugħ bħala varjetajiet Arborio, Carnaroli jew Vialone Nano, għandu tip ta' lamtu li jinħeles mill-ħbub meta jissajjar u jitħallat ma' stokk jew likwidu ieħor. Il-lamtu jingħaqad mal-likwidu u jsir kremuż.

Ir-ross tal-qamħ medju importat mill-Italja huwa disponibbli b'mod wiesa' 'fis-supermarkits. Huwa mkabbar ukoll fl-Istati Uniti u issa huwa faċli li ssib.

Ikollok bżonn ukoll tiġieġ tajjeb, laħam, ħut jew stokk tal-ħaxix. Id-dar huwa preferut, iżda jista' jintuża stokk tal-bott (jew f'kaxxa). Insib stokk mixtri mill-maħżen qawwi wisq biex nuża direttament mill-kontenitur u spiss iddilwah bl-ilma. Ftakar li sakemm ma tkunx qed tuża varjetà b'livell baxx ta' sodju, il-brodi ppakkjati fihom ħafna melħ, għalhekk aġġusta l-melħ miżjud kif xieraq. Il-kubi tal-boullion huma mielħa ħafna u b'togħma artifiċjali għalhekk ma nużahomx.

risotto abjad

Risotto bl-Abjad

Jagħmel 4 porzjonijiet

Dan ir-risotto abjad faċli huwa sempliċi u sodisfaċenti daqs il-ġelat tal-vanilla. Serviha bħala appetizer jew bħala akkumpanjament għal laħam grilled. Jekk għandek tartuf frisk, ipprova qaxxar fuq ir-risotto lest għal mess luxurious. F'dak il-każ, trid tneħħi l-ġobon.

    4 tazziBuljun tal-laħamjewSoppa tat-tiġieġ

4 imgħaref butir bla melħ

1 tablespoon żejt taż-żebbuġa

1/4 tazzi scalots jew basal imqattgħin

1 1/2 tazza ross medju, bħal Arborio, Carnaroli, jew Vialone Nano

1 1/2 tazza inbid abjad niexef jew inbid frizzanti

Melħ u bżar iswed mitħun frisk

1/2 tazzi Parmigiano-Reggiano maħkuk frisk

1. Jekk meħtieġ, ipprepara l-brodu. Ħalli l-brodu jagħli fuq nar medju u naqqas in-nar sabiex il-brodu jibqa sħun. Fi kazzola wiesgħa u tqila, dewweb 3 imgħaref butir biż-żejt fuq sħana medja. Żid is-shallots u sajjar sakemm jirtab iżda mhux kannella, madwar 5 minuti.

tnejn. Żid ir-ross u ħawwad b'kuċċarina tal-injam sakemm jaħraq, madwar 2 minuti. Żid l-inbid u sajjar, ħawwad, sakemm il-biċċa l-kbira tal-likwidu jkun evapora.

3. Ferra 1/2 tazza brodu fuq ir-ross. Sajjar, ħawwad, sakemm il-biċċa l-kbira tal-likwidu jkun ġie assorbit. Kompli żid brodu madwar 1/2 tazza kull darba, ħawwad wara kull żieda. Aġġusta n-nar sabiex il-likwidu jagħli malajr iżda r-ross ma jeħelx mat-taġen. Żid il-melħ u l-bżar għat-togħma nofs il-ħin tat-tisjir.

Erbgħa. Uża biss kemm hemm bżonn brodu sakemm ir-ross ikun artab iżda sod u r-risotto ikun kremuż. Meta taħseb li lest, ipprova xi ħbub. Jekk m'intix lest, ipprova t-test mill-ġdid fi ftit minuta jew hekk. Jekk il-brodu jispiċċa qabel ma r-ross ikun imsajjar, uża ilma sħun. Il-ħin tat-tisjir se jkun minn 18 sa 20 minuta.

5. Neħħi t-tagen tar-risotto minn fuq in-nar. Hawwad il-kuċċarina tal-butir u l-ġobon li jifdal sakemm idub u krema. Servi immedjatament.

Risotto taż-żagħfran stil Milaniż

Risotto Alla Milanese

Jagħmel 4 sa 6 porzjonijiet

Ir-risotto bit-togħma taż-żagħfran tad-deheb huwa l-akkumpanjament klassiku Milaniż għal Osso Buco (ara<u>Sieq tal-vitella, Milan Style</u>). Iż-żieda tal-mudullun minn għadam kbir taċ-ċanga mar-risotto tagħtih togħma rikka u tal-laħam u hija tradizzjonali, iżda r-risotto jista 'jgħaddi mingħajrhom.

6 tazzi<u>Soppa tat-tiġieġ</u>jew<u>Buljun tal-laħam</u>

1/2 kuċċarina ħjut taż-żagħfran imfarrka

4 imgħaref butir bla melħ

2 imgħaref mudullun taċ-ċanga (mhux obbligatorju)

2 imgħaref żejt taż-żebbuġa

1 basla żgħira, imqatta' fin ħafna

2 tazzi (madwar libbra) ross medju, bħal Arborio, Carnaroli, jew Vialone Nano

Melħ u bżar iswed mitħun frisk

1/2 tazzi Parmigiano-Reggiano maħkuk frisk

1. Jekk meħtieġ, ipprepara l-brodu. Ħalli l-brodu jagħli fuq nar medju u naqqas in-nar sabiex il-brodu jibqa sħun. Neħħi 1/2 tazza stokk u poġġi fi skutella żgħira. Żid iż-żagħfran u ħallih jixxarrab għal ftit.

tnejn. Fi kazzola wiesgħa u tqila, saħħan 2 imgħaref butir, kwalunkwe mudullun u żejt fuq sħana medja. Meta l-butir ikun idub, żid il-basla u sajjar, ħawwad spiss, għal madwar 10 minuti sakemm ikun kannella dehbi.

3. Żid ir-ross u sajjar, ħawwad b'kuċċarina tal-injam, sakemm jaħraq, madwar 2 minuti. Żid 1/2 tazza stokk sħun u ħawwad sakemm il-likwidu jiġi assorbit. Kompli żid stokk 1/2 tazza kull darba, ħawwad wara kull żieda. Aġġusta n-nar sabiex il-likwidu jagħli malajr iżda r-ross ma jeħelx mat-taġen. Żid it-taħlita taż-żagħfran u l-melħ u l-bżar għat-togħma nofs il-ħin tat-tisjir.

Erbgħa. Uża biss brodu kemm għandek bżonn sakemm ir-ross ikun artab iżda sod biex jigdem. Meta taħseb li lest, ipprova xi ħbub. Jekk m'intix lest, ipprova t-test mill-ġdid fi ftit minuta jew hekk. Jekk il-brodu jispiċċa qabel ma jsir ir-ross, uża ilma sħun. Il-ħin tat-tisjir se jkun minn 18 sa 20 minuta.

5. Neħħi t-taġen tar-risotto minn fuq in-nar u żid iż-2 imgħaref tal-butir u l-ġobon li jifdal sakemm jiddewweb u krema. Servi immedjatament.

risotto tal-ispraġ

Risotto bl-Asperges

Jagħmel 6 porzjonijiet

Ir-reġjun tal-Veneto huwa magħruf għall-ispraġ abjad sabiħ tiegħu bil-ponot tal-lavanda. Biex jinkiseb il-kulur delikat, l-ispraġ jinżamm mgħotti hekk kif jikber sabiex ma jkunx espost għad-dawl tax-xemx u ma jiffurmax il-klorofilla. L-ispraġ abjad għandu togħma delikata u huwa aktar tenera mill-varjetà ħadra. L-ispraġ abjad huwa ideali għal dan ir-risotto, iżda tista' tagħmilha wkoll bil-varjetà ħadra regolari u t-togħma xorta tkun kbira.

    5 tazzi<u>Soppa tat-tiġieġ</u>

1 libbra asparagu frisk, imqatta

4 imgħaref butir bla melħ

1 basla żgħira mqatta' fin

2 tazzi ross medju, bħal Arborio, Carnaroli, jew Vialone Nano

1 1/2 tazza inbid abjad niexef

Melħ u bżar iswed mitħun frisk

3/4 tazza Parmigiano-Reggiano maħkuk frisk

1. Jekk meħtieġ, ipprepara l-brodu. Ħalli l-brodu jagħli fuq nar medju u naqqas in-nar sabiex il-brodu jibqa sħun. Ittrimmja t-truf tal-ispraġ u warrab. Aqta 'z-zkuk fi flieli ta' 1/2 pulzier.

tnejn. Dewweb 3 imgħaref tal-butir fi kazzola wiesgħa u tqila. Żid il-basla u sajjar fuq nar medju, ħawwad kultant, sakemm jirtab u kannella dehbi, madwar 10 minuti.

3. Żid l-ispraġ. Sajjar, ħawwad kultant, 5 minuti.

Erbgħa. Żid ir-ross u sajjar, ħawwad b'kuċċarina tal-injam, sakemm jaħraq, madwar 2 minuti. Żid l-inbid u sajjar, ħawwad kontinwament, sakemm il-likwidu jevapora. Ferra 1/2 tazza brodu fuq ir-ross. Sajjar, ħawwad, sakemm il-biċċa l-kbira tal-likwidu jkun ġie assorbit.

5. Kompli żid brodu madwar 1/2 tazza kull darba, ħawwad wara kull żieda. Aġġusta n-nar sabiex il-likwidu jagħli

malajr iżda r-ross ma jeħelx mat-taġen. Wara madwar 10 minuti, żid it-truf tal-ispraġ. Staġun bil-melħ u l-bżar. Uża biss kemm hemm bżonn brodu sakemm ir-ross ikun artab iżda sod u r-risotto ikun kremuż. Meta taħseb li lest, ipprova xi ħbub. Jekk m'intix lest, ipprova t-test mill-ġdid fi ftit minuta jew hekk. Jekk il-brodu jispiċċa qabel ma jsir ir-ross, uża ilma sħun. Il-ħin tat-tisjir se jkun minn 18 sa 20 minuta.

6. Neħħi t-taġen tar-risotto minn fuq in-nar. Żid il-ġobon u l-kuċċarina tal-butir li fadal. Togħma għall-ħwawar. Servi immedjatament.

Risotto bil-bżar aħmar

Risotto bil-Pepperoni Rossi

Jagħmel 6 porzjonijiet

Fl-eqqel ta' l-istaġun, meta l-bżar aħmar jgħajjat jinġabar ħafna fil-grocers, jien ispirat biex nużah f'ħafna modi. It-togħma ħelwa, ħafifa u l-kulur sabiħ tagħha jagħmlu kollox minn tortillas għal għaġin, sopop, insalati u stuffati togħma aħjar. Din mhix riċetta tradizzjonali, iżda ġieli f'moħħi jum wieħed meta kont qed infittex mod ġdid kif nuża xi bżar aħmar. Il-bżar isfar jew oranġjo jaħdem tajjeb ukoll f'din ir-riċetta.

   5 tazzi<u>Soppa tat-tiġieġ</u>

3 imgħaref butir bla melħ

1 tablespoon żejt taż-żebbuġa

1 basla żgħira mqatta' fin

2 bżar qampiena aħmar, miżrugħa u mqattgħin fin

2 tazzi ross medju, bħal Arborio, Carnaroli, jew Vialone Nano

Melħ u bżar iswed mitħun frisk

1⁄2 tazzi Parmigiano-Reggiano maħkuk frisk

1. Jekk meħtieġ, ipprepara l-brodu. Ħalli l-brodu jagħli fuq nar medju u naqqas in-nar sabiex il-brodu jibqa sħun. Fi kazzola wiesgħa u tqila, saħħan 2 imgħaref tal-butir u ż-żejt fuq sħana medja. Meta l-butir ikun idub, żid il-basla u sajjar, ħawwad spiss, għal madwar 10 minuti sakemm ikun kannella dehbi. Żid il-bżar qampiena u sajjar għal 10 minuti oħra.

tnejn. Żid ir-ross u ħawwad b'kuċċarina tal-injam sakemm jaħraq, madwar 2 minuti. Żid 1/2 tazza stokk sħun u ħawwad sakemm il-likwidu jiġi assorbit. Kompli żid stokk 1/2 tazza kull darba, ħawwad wara kull żieda. Aġġusta n-nar sabiex il-likwidu jagħli malajr iżda r-ross ma jeħelx mat-taġen. F'nofs il-ħin tat-tisjir, żid il-melħ u l-bżar għat-togħma.

3. Uża biss kemm hemm bżonn brodu sakemm ir-ross ikun artab iżda sod u r-risotto ikun kremuż. Meta taħseb li lest, ipprova xi ħbub. Jekk m'intix lest, ipprova t-test mill-ġdid fi

ftit minuta jew hekk. Jekk il-likwidu jispiċċa qabel ma jsir ir-ross, għallih bl-ilma sħun. Il-ħin tat-tisjir se jkun minn 18 sa 20 minuta.

Erbgħa. Neħħi t-taġen tar-risotto minn fuq in-nar. Żid il-kuċċarina tal-butir u l-ġobon li jifdal sakemm idub u krema. Togħma għall-ħwawar. Servi immedjatament.

Risotto tat-tadam u r-rugula

Risotto bil-pomodori u r-rugula

Jagħmel 6 porzjonijiet

It-tadam frisk, il-ħabaq u r-rugula jagħmlu dan ir-risotto l-essenza tas-sajf. Inħobb naqdih ma' inbid abjad imkessaħ, bħal Furore de Campania mill-produttur Matilde Cuomo.

5 tazzi <u>Soppa tat-tiġieġ</u>

1 mazz kbir ta 'rugula, imnaddaf u mlaħalħa

3 imgħaref żejt taż-żebbuġa

1 basla żgħira mqatta' fin

2 liri tadam tal-għanbaqar misjur, imqaxxar, żerriegħa u mqatta '

2 tazzi ross medju, bħal Arborio, Carnaroli, jew Vialone Nano

Melħ u bżar iswed mitħun frisk

1/2 tazzi Parmigiano-Reggiano maħkuk frisk

2 imgħaref ħabaq frisk imqatta

1 tablespoon żejt taż-żebbuġa extra verġni

1. Jekk meħtieġ, ipprepara l-brodu. Ħalli l-brodu jagħli fuq nar medju u naqqas in-nar sabiex il-brodu jibqa sħun. Aqta 'l-weraq tar-rugula f'biċċiet żgħar. Għandu jkollok madwar 2 tazzi.

tnejn. Ferra' ż-żejt f'taġen wiesa' u tqil. Żid il-basla u sajjar fuq nar medju, ħawwad kultant b'kuċċarina tal-injam, sakemm il-basla tkun ratba ħafna u kannella dehbi, madwar 10 minuti.

3. Żid it-tadam. Sajjar, ħawwad kultant, sakemm il-biċċa l-kbira tal-meraq ikun evaporat, madwar 10 minuti.

Erbgħa. Żid ir-ross u sajjar, ħawwad b'kuċċarina tal-injam, sakemm jaħraq, madwar 2 minuti. Ferra 1/2 tazza brodu fuq ir-ross. Sajjar u ħawwad sakemm il-biċċa l-kbira tal-likwidu jkun ġie assorbit.

5. Kompli żid brodu madwar 1/2 tazza kull darba, ħawwad wara kull żieda. Aġġusta n-nar sabiex il-likwidu jagħli malajr iżda r-ross ma jeħelx mat-taġen. Ħawwru bil-melħ u l-bżar f'nofs it-tisjir. Uża biss kemm hemm bżonn brodu

sakemm ir-ross ikun artab iżda sod u r-risotto ikun kremuż. Meta taħseb li lest, ipprova xi ħbub. Jekk m'intix lest, ipprova t-test mill-ġdid fi ftit minuta jew hekk. Jekk il-brodu jispiċċa qabel ma jsir ir-ross, uża ilma sħun. Il-ħin tat-tisjir se jkun minn 18 sa 20 minuta.

6. Neħħi t-taġen tar-risotto minn fuq in-nar. Żid il-ġobon, il-ħabaq u tablespoon żejt extra verġni taż-żebbuġa. Togħma għall-ħwawar. Żid ir-rugula u servi immedjatament.

Risotto bl-inbid aħmar u radicchio

Radicchio Risotto

Jagħmel 6 porzjonijiet

Radicchio, membru tal-familja taċ-ċikwejra, jitkabbar fil-Veneto. Bħall-indivja, li magħha hija relatata, ir-radicchio għandu togħma kemmxejn morra iżda ħelwa. Għalkemm narawha prinċipalment bħala żieda ikkulurita għal skutella tal-insalata, it-Taljani ħafna drabi jsajru r-radicchio. Jista 'jinqata' f'kunjardi u grilled, jew il-weraq jistgħu jiġu mgeżwra madwar mili u moħmija bħala appetizer. Il-kulur aħmar tal-inbid vibranti jinbidel għal kannella kawba skur meta msajjar. Kilt dan ir-risotto f'Il Cenacolo, ristorant f'Verona li joffri riċetti tradizzjonali.

    5 tazzi<u>Soppa tat-tiġieġ</u>jew<u>Buljun tal-laħam</u>

1 radicchio medju (madwar 12-il uqija)

2 imgħaref żejt taż-żebbuġa

2 imgħaref butir bla melħ

1 basla żgħira mqatta' fin

1 1/2 tazza inbid aħmar niexef

2 tazzi ross medju, bħal Arborio, Carnaroli, jew Vialone Nano

Melħ u bżar iswed mitħun frisk

1/2 tazzi Parmigiano-Reggiano maħkuk frisk

1.Jekk meħtieġ, ipprepara l-brodu. Halli l-brodu jagħli fuq nar medju u naqqas in-nar sabiex il-brodu jibqa sħun. Ittrimmja r-radicchio u aqta' fi flieli ħoxnin ta' madwar pulzier. Aqta 'l-flieli f'biċċiet ta' 1 pulzier.

tnejn. Fi kazzola wiesgħa u tqila, saħħan iż-żejt b'1 tablespoon butir fuq sħana medja. Meta l-butir ikun idub, żid il-basla u sajjar, ħawwad kultant, sakemm il-basla tkun ratba ħafna, madwar 10 minuti.

3.Żid is-sħana għal medja, żid ir-radicchio u sajjar sakemm tkun delikata, madwar 10 minuti.

Erbgħa.Żid ir-ross. Żid l-inbid u sajjar, ħawwad, sakemm il-biċċa l-kbira tal-likwidu jkun ġie assorbit. Ferra 1/2 tazza brodu fuq ir-ross. Sajjar u ħawwad sakemm il-biċċa l-kbira tal-likwidu jkun ġie assorbit.

5. Kompli żid brodu madwar 1/2 tazza kull darba, ħawwad wara kull żieda. Aġġusta n-nar sabiex il-likwidu jagħli malajr iżda r-ross ma jeħelx mat-taġen. Ħawwru bil-melħ u l-bżar f'nofs it-tisjir. Uża biss kemm hemm bżonn brodu sakemm ir-ross ikun artab iżda sod u r-risotto ikun kremuż. Meta taħseb li lest, ipprova xi ħbub. Jekk m'intix lest, ipprova t-test mill-ġdid fi ftit minuta jew hekk. Jekk il-brodu jispiċċa qabel ma jsir ir-ross, uża ilma sħun. Il-ħin tat-tisjir se jkun minn 18 sa 20 minuta.

6. Neħħi t-taġen minn fuq in-nar u żid il-kuċċarina tal-butir li fadal u l-ġobon. Togħma għall-ħwawar. Servi immedjatament.

Risotto bil-pastard krema

Risotto al Cavolfiore

Jagħmel 6 porzjonijiet

F'Parma jista' ma jkollokx starter jew platt ewlieni, imma qatt ma trid titlifha risotto jew għaġin; huma dejjem oerhört tajbin. Din hija l-verżjoni tiegħi ta' risotto li kilt ftit tas-snin ilu f'La Filoma, trattoria mill-aqwa.

L-ewwel darba li għamilt dan ir-risotto kelli tubu ta' pasta tat-tartuf abjad f'idejna u żidt ftit fi tmiem il-ħin tat-tisjir. It-togħma kienet sensazzjonali. Ipprova jekk issib pejst tat-tartuf.

    4 tazzi <u>Soppa tat-tiġieġ</u>

4 tazzi pastard, maqtugħa f'floretti ta' 1/2-il pulzier

1 sinna tewm imqatta' fin

1 1/2 tazza ħalib

Mielħa

4 imgħaref butir bla melħ

1 1/4 tazza basla mqatta' fin

2 tazzi ross medju, bħal Arborio, Carnaroli, jew Vialone Nano

bżar iswed mitħun frisk

3/4 tazza Parmigiano-Reggiano maħkuk frisk

1. Jekk meħtieġ, ipprepara l-brodu. Halli l-brodu jagħli fuq nar medju u naqqas in-nar sabiex il-brodu jibqa sħun. Fi kazzola medja, għaqqad il-pastard, it-tewm, il-ħalib, u niskata melħ. Ħallih jagħli. Sajjar sakemm il-biċċa l-kbira tal-likwidu jkun evapora u l-pastard tkun delikata, madwar 10 minuti. Żomm in-nar baxx ħafna u ħawwad it-taħlita kultant biex ma tinħaraqx.

tnejn. Fi kazzola wiesgħa u tqila, saħħan iż-żejt b'2 imgħaref butir fuq sħana medja. Meta l-butir ikun idub, żid il-basla u sajjar, ħawwad kultant, sakemm il-basla tkun ratba ħafna u kannella dehbi, madwar 10 minuti.

3. Żid ir-ross u sajjar, ħawwad b'kuċċarina tal-injam, sakemm jaħraq, madwar 2 minuti. Ferra madwar 1/2 tazza stokk.

Sajjar u ħawwad sakemm il-biċċa l-kbira tal-likwidu jkun ġie assorbit.

Erbgħa. Kompli żid stokk 1/2 tazza kull darba, ħawwad kontinwament, sakemm jiġi assorbit. Aġġusta n-nar sabiex il-likwidu jagħli malajr iżda r-ross ma jeħelx mat-taġen. Ħawwru bil-melħ u l-bżar f'nofs it-tisjir.

5.Meta r-ross ikun kważi imsajjar, żid it-taħlita tal-pastard. Uża biss kemm hemm bżonn brodu sakemm ir-ross ikun artab iżda sod u r-risotto ikun kremuż. Meta taħseb li lest, ipprova xi ħbub. Jekk m'intix lest, ipprova t-test mill-ġdid fi ftit minuta jew hekk. Jekk il-brodu jispiċċa qabel ma jsir ir-ross, uża ilma sħun. Il-ħin tat-tisjir se jkun minn 18 sa 20 minuta.

6.Neħħi t-taġen minn fuq in-nar u togħma. Żid iż-2 imgħaref tal-butir li jifdal u l-ġobon. Servi immedjatament.

risotto tal-lumi

Risotto tal-lumi

Jagħmel 6 porzjonijiet

It-togħma vibranti tal-qoxra u l-meraq tal-lumi friski jdawwal dan ir-risotto li kelli Capri. Għalkemm it-Taljani ma jagħmluhiex spiss, inħobb inserviha bħala side dish ma' arzell moqli jew ħut grilled.

   5 tazzi <u>Soppa tat-tiġieġ</u>

4 imgħaref butir bla melħ

1 basla żgħira mqatta' fin

2 tazzi ross medju, bħal Arborio, Carnaroli, jew Vialone Nano

Melħ u bżar iswed mitħun frisk

1 tablespoon ta 'meraq tal-lumi frisk

1 kuċċarina qoxra tal-lumi

1/2 tazzi Parmigiano-Reggiano maħkuk frisk

1. Jekk meħtieġ, ipprepara l-brodu. Ħalli l-brodu jagħli fuq nar medju u naqqas in-nar sabiex il-brodu jibqa sħun. Fi kazzola wiesgħa u tqila, dewweb 2 imgħaref butir fuq sħana medja. Żid il-basla u sajjar, ħawwad spiss, għal madwar 10 minuti sakemm ikun kannella dehbi.

tnejn. Żid ir-ross u ħawwad b'kuċċarina tal-injam sakemm jaħraq, madwar 2 minuti. Żid 1/2 tazza stokk sħun u ħawwad sakemm il-likwidu jiġi assorbit.

3. Kompli żid stokk 1/2 tazza kull darba, ħawwad wara kull żieda. Aġġusta n-nar sabiex il-likwidu jagħli malajr iżda r-ross ma jeħelx mat-taġen. Ħawwru bil-melħ u l-bżar madwar nofs il-ħin tat-tisjir.

Erbgħa. Uża biss kemm hemm bżonn brodu sakemm ir-ross ikun artab iżda sod u r-risotto ikun kremuż. Meta taħseb li lest, ipprova xi ħbub. Jekk m'intix lest, ipprova t-test mill-ġdid fi ftit minuta jew hekk. Jekk il-brodu jispiċċa qabel ma r-ross ikun imsajjar, uża ilma sħun. Il-ħin tat-tisjir se jkun minn 18 sa 20 minuta.

5. Neħħi t-taġen tar-risotto minn fuq in-nar. Żid il-meraq tal-lumi u l-qoxra, iż-2 imgħaref tal-butir u l-ġobon li jifdal. Ħawwad sakemm il-butir u l-ġobon ikunu mdewweb u krema. Togħma għall-ħwawar. Servi immedjatament.

Risotto tal-ispinaċi

Risotto agli Spinaci

Jagħmel 6 porzjonijiet

Jekk għandek xi ħabaq frisk, żidha minflok it-tursin. Ħxejjex oħra bħal chard Svizzera jew scarole jistgħu jintużaw minflok l-ispinaċi.

5 tazzi<u>Soppa tat-tiġieġ</u>

1 libbra spinaċi friski, maħsula u biż-zokk

1 1/4 tazza ilma

Mielħa

4 imgħaref butir bla melħ

1 basla medja, imqatta 'b'mod fin

2 tazzi (madwar libbra) ross medju, bħal Arborio, Carnaroli, jew Vialone Nano

bżar iswed mitħun frisk

1 1/4 tazza tursin frisk imqatta'

1/2 tazzi Parmigiano-Reggiano maħkuk frisk

1. Jekk meħtieġ, ipprepara l-brodu. Ħalli l-brodu jagħli fuq nar medju u naqqas in-nar sabiex il-brodu jibqa sħun. Fi kazzola kbira, għaqqad l-ispinaċi, l-ilma u l-melħ għat-togħma. Għatti u ħallih jagħli. Sajjar sakemm l-ispinaċi jirtab, madwar 3 minuti. Ixxotta l-ispinaċi u agħfas bil-mod biex tiġbed il-meraq. Qatta' l-ispinaċi fin.

tnejn. Fi kazzola wiesgħa u tqila, saħħan 3 imgħaref butir fuq sħana medja. Meta l-butir ikun idub, żid il-basla u sajjar, ħawwad spiss, għal madwar 10 minuti sakemm ikun kannella dehbi.

3. Żid ir-ross mal-basla u sajjar, ħawwad b'kuċċarina tal-injam, sakemm jaħraq, madwar 2 minuti. Żid 1/2 tazza stokk sħun u ħawwad sakemm il-likwidu jiġi assorbit. Kompli żid stokk 1/2 tazza kull darba, ħawwad wara kull żieda. Aġġusta n-nar sabiex il-likwidu jagħli malajr iżda r-ross ma jeħelx mat-taġen. Żid l-ispinaċi u l-melħ u l-bżar għat-togħma nofs il-ħin tat-tisjir.

Erbgħa. Uża biss kemm hemm bżonn brodu sakemm ir-ross ikun artab iżda sod u r-risotto ikun kremuż. Meta taħseb li lest, ipprova xi ħbub. Jekk m'intix lest, ipprova t-test mill-ġdid fi ftit minuta jew hekk. Jekk il-brodu jispiċċa qabel ma r-ross ikun imsajjar, uża ilma sħun. Il-ħin tat-tisjir se jkun minn 18 sa 20 minuta.

5. Neħħi t-taġen tar-risotto minn fuq in-nar. Żid il-bqija tal-butir u l-ġobon. Servi immedjatament.

risotto tal-qara tad-deheb

Risotto ma Zucca d'Oro

Jagħmel 4 sa 6 porzjonijiet

Fis-swieq ħodor Taljani, il-koki jistgħu jixtru biċċiet kbar ta 'squash tax-xitwa biex jagħmlu risotto. Il-qara hija eqreb lejn it-togħma ħelwa u n-nisġa tal-butir tal-varjetajiet Taljani. Dan ir-risotto huwa speċjalità ta' Mantua fil-Lombardija.

   5 tazzi<u>Soppa tat-tiġieġ</u>

4 imgħaref butir bla melħ

¼ tazza shalots jew basal imqattgħin fin

2 tazzi qara ħamra mqaxxra u mqatta' (madwar libbra)

2 tazzi ross medju, bħal Arborio, Carnaroli, jew Vialone Nano

1 1/2 tazza inbid abjad niexef

Melħ u bżar iswed mitħun frisk

½ tazzi Parmigiano-Reggiano maħkuk frisk

1. Jekk meħtieġ, ipprepara l-brodu. Ħalli l-brodu jagħli fuq nar medju u naqqas in-nar sabiex il-brodu jibqa sħun. Fi kazzola wiesgħa u tqila, dewweb tliet imgħaref butir fuq sħana medja. Żid is-shallots u sajjar, ħawwad spiss, għal madwar 5 minuti sakemm ikun kannella dehbi.

tnejn. Żid qara ħamra u 1/2 tazza stokk. Sajjar sakemm il-brodu jevapora.

3. Żid ir-ross u sajjar, ħawwad b'kuċċarina tal-injam, sakemm jaħraq, madwar 2 minuti. Żid l-inbid sakemm jevapora.

Erbgħa. Żid 1/2 tazza stokk sħun u ħawwad sakemm il-likwidu jiġi assorbit. Kompli żid stokk 1/2 tazza kull darba, ħawwad wara kull żieda. Aġġusta n-nar sabiex il-likwidu jagħli malajr iżda r-ross ma jeħelx mat-taġen. Żid il-melħ u l-bżar għat-togħma f'nofs il-preparazzjoni.

5. Uża biss kemm hemm bżonn brodu sakemm ir-ross ikun artab iżda sod u r-risotto ikun kremuż. Meta taħseb li lest, ipprova xi ħbub. Jekk m'intix lest, ipprova t-test mill-ġdid fi ftit minuta jew hekk. Jekk il-brodu jispiċċa qabel ma r-ross

ikun imsajjar, uża ilma sħun. Il-ħin tat-tisjir se jkun minn 18 sa 20 minuta.

6. Neħħi t-taġen tar-risotto minn fuq in-nar. Żid il-bqija tal-butir u l-ġobon. Servi immedjatament.

Risotto Venezjana bil-piżelli

Risi E Bisi

Jagħmel 6 porzjonijiet

F'Venezja, dan ir-risotto jittiekel biex jiċċelebra l-wasla tar-rebbiegħa u l-ewwel ħaxix frisk tal-istaġun. Il-Venezjani jippreferu risotto pjuttost oħxon, għalhekk żid tablespoon żejda stokk jew ilma mar-risotto lest jekk qed tfittex l-awtentiċità.

6 tazzi <u>Soppa tat-tiġieġ</u>

1 basla safra medja, imqatta 'b'mod fin

4 imgħaref żejt taż-żebbuġa

2 tazzi ross medju, bħal Arborio, Carnaroli, jew Vialone Nano

Melħ u bżar iswed mitħun frisk

2 tazzi piżelli ħodor bil-qoxra jew piżelli ffriżati, parzjalment imdewweb

2 imgħaref tursin tal-weraq ċatt imqatta' fin

1/2 tazzi Parmigiano-Reggiano maħkuk frisk

2 imgħaref butir bla melħ

1. Jekk meħtieġ, ipprepara l-brodu. Halli l-brodu jagħli fuq nar medju u naqqas in-nar sabiex il-brodu jibqa sħun. Ferra' ż-żejt f'taġen wiesa' u tqil. Żid il-basla u sajjar fuq nar medju sakemm il-basla tkun ratba u kannella dehbi, madwar 10 minuti.

tnejn. Żid ir-ross u sajjar, ħawwad b'kuċċarina tal-injam, sakemm jaħraq, madwar 2 minuti. Żid madwar 1/2 tazza stokk sħun u ħawwad sakemm jiġi assorbit. Kompli żid stokk 1/2 tazza kull darba, ħawwad wara kull żieda. Aġġusta n-nar sabiex il-likwidu jagħli malajr iżda r-ross ma jeħelx mat-taġen. Żid il-melħ u l-bżar għat-togħma f'nofs il-preparazzjoni.

3. Żid il-piżelli u t-tursin. Kompli żid il-likwidu u ħawwad. Ir-ross għandu jkun artab iżda sod meta tigdem fih, u r-risotto għandu jkollu konsistenza maħlula, kemmxejn ħoxna. Uża ilma sħun meta l-istokk ikun spiċċa. Il-ħin tat-tisjir se jkun minn 18 sa 20 minuta.

Erbgħa. Meta r-ross ikun artab iżda għadu sod, neħħi t-taġen minn fuq in-nar. Żid il-ġobon u l-butir u ħawwad sew. Servi immedjatament.

risotto tar-rebbiegħa

Risotto tar-Rebbiegħa

Jagħmel 4 sa 6 porzjonijiet

Biċċiet żgħar ta' ħaxix ikkulurit iżejnu dan ir-risotto jgħajjat u ħelu. Il-ħaxix jiżdied gradwalment sabiex ma jissajjarx iżżejjed.

6 tazzi stokk tal-ħaxix jew ilma

3 imgħaref butir bla melħ

1 tablespoon żejt taż-żebbuġa

1 basla medja, imqatta 'b'mod fin

1 zunnarija żgħira, imqatta '

1 karfus żgħir tal-kustilja tat-trabi, imqatta' fin

2 tazzi ross medju, bħal Arborio, Carnaroli, jew Vialone Nano

1 1/2 tazza piżelli friski jew iffriżati

1 tazza ta 'faqqiegħ imqatta', kull tip

6 asparagu, mirqum u maqtugħ f'biċċiet ta' 1 pulzier

Melħ u bżar iswed mitħun frisk

1 tadam kbir, żerriegħa u mqatta' dadi

2 imgħaref tursin tal-weraq ċatt frisk imqatta' fin

1/2 tazzi Parmigiano-Reggiano maħkuk frisk

1. Jekk meħtieġ, ipprepara l-brodu. Ħalli l-brodu jagħli fuq nar medju u naqqas in-nar sabiex il-brodu jibqa sħun. Fi kazzola wiesgħa u tqila, għaqqad 2 imgħaref tal-butir u ż-żejt fuq sħana medja. Meta l-butir ikun idub, żid il-basla u aqli għal madwar 10 minuti sakemm ikun kannella dehbi.

tnejn. Żid il-karrotta u l-karfus u sajjar għal 2 minuti. Ħawwad ir-ross sakemm miksi sew.

3. Żid 1/2 tazza stokk u sajjar, ħawwad kontinwament b'kuċċarina tal-injam, sakemm il-likwidu jiġi assorbit. Kompli żid stokk 1/2 tazza kull darba, ħawwad wara kull żieda, għal 10 minuti. Aġġusta n-nar sabiex il-likwidu jagħli malajr iżda r-ross ma jeħelx mat-taġen.

Erbgħa. Żid il-piżelli, il-faqqiegħ u nofs l-ispraġ. Żid il-melħ u l-bżar għat-togħma. Kompli żid l-istokk u ħawwad għal 10 minuti oħra. Żid l-ispraġ u t-tadam li jifdal. Żid l-istokk u ħawwad sakemm ir-ross ikun sod imma al dente u r-risotto ikun kremuż. Meta taħseb li lest, ipprova xi ħbub. Jekk m'intix lest, ipprova t-test mill-ġdid fi ftit minuta jew hekk.

5. Neħħi t-taġen tar-risotto minn fuq in-nar. Togħma għall-ħwawar. Żid it-tursin u l-butir li jifdal. Żid il-ġobon. Servi immedjatament.

Risotto bit-tadam u l-fontina

Risotto bil-Pomodori u l-Fontina

Jagħmel 6 porzjonijiet

Fontina ġenwina Valle d'Aosta għandha togħma distinta li hija tal-ġewż, tal-frott u tal-art, b'differenza mill-fontina magħmula x'imkien ieħor. Dan ir-risotto mill-majjistral tal-Italja ta' min jipprova. Dan id-dixx jingħaqad tajjeb ma' inbid abjad tal-fjuri bħal Arneis, mir-reġjun fil-viċin ta' Piemonte.

5 tazzi <u>Soppa tat-tiġieġ</u>

3 imgħaref butir bla melħ

1 basla medja, imqatta 'b'mod fin

1 tadam tadam imqaxxar, żerriegħa u mqatta

2 tazzi ross medju, bħal Arborio, Carnaroli, jew Vialone Nano

1 1/2 tazza inbid abjad niexef

Melħ u bżar iswed mitħun frisk

4 uqija Fontina Valle d'Aosta, maħkuk

1/2 tazzi Parmigiano-Reggiano maħkuk frisk

1. Jekk meħtieġ, ipprepara l-brodu. Ħalli l-brodu jagħli fuq nar medju u naqqas in-nar sabiex il-brodu jibqa sħun. Dewweb il-butir fi kazzola wiesgħa u tqila fuq nar medju. Żid il-basla u sajjar, ħawwad kultant, sakemm il-basla tkun irattab u kannella dehbi, madwar 10 minuti.

tnejn. Żid it-tadam. Sajjar sakemm il-biċċa l-kbira tal-likwidu jkun evapora, madwar 10 minuti.

3. Żid ir-ross u sajjar, ħawwad b'kuċċarina tal-injam, sakemm jaħraq, madwar 2 minuti. Ferra l-inbid u 1/2 tazza brodu fuq ir-ross. Sajjar u ħawwad sakemm il-biċċa l-kbira tal-likwidu jkun ġie assorbit.

Erbgħa. Kompli żid brodu madwar 1/2 tazza kull darba, ħawwad wara kull żieda. Aġġusta n-nar sabiex il-likwidu jagħli malajr iżda r-ross ma jeħelx mat-taġen. Ħawwru bil-melħ u l-bżar f'nofs it-tisjir.

5. Uża biss kemm hemm bżonn brodu sakemm ir-ross ikun artab iżda sod u r-risotto ikun kremuż. Meta taħseb li lest, ipprova xi ħbub. Jekk m'intix lest, ipprova t-test mill-ġdid fi ftit minuta jew hekk. Jekk il-brodu jispiċċa qabel ma jsir ir-ross, uża ilma sħun. Il-ħin tat-tisjir huwa minn 18 sa 20 minuta.

6. Neħħi t-taġen tar-risotto minn fuq in-nar. Żid il-ġobon. Togħma għall-ħwawar. Servi immedjatament.

Risotto tal-gambli u tal-karfus

Risotto ma Gamberi u Sedano

Jagħmel 6 porzjonijiet

Ħafna riċetti Taljani huma togħma soffritto, taħlita ta 'żejt jew butir, jew xi kultant it-tnejn, u ħxejjex aromatiċi, inklużi, iżda mhux limitati għal, basla, karfus, zunnarija, tewm, u xi kultant ħxejjex aromatiċi. Xi drabi l-majjal tal-melħ jew il-pancetta jiġi miżjud ma' soffritto biex jagħtih togħma tal-laħam.

Bħall-biċċa l-kbira tal-koki Taljani li naf, nippreferi npoġġi l-ingredjenti tas-soffritto fit-taġen f'daqqa u mbagħad nixgħel in-nar ħalli kollox jisħon u jsajjar bil-mod sabiex inkun nista' nikkontrolla aħjar ir-riżultati. Inħawwad is-soffritto spiss, xi drabi nsajjar sakemm il-ħaxix jirtab għal togħma ħafifa, jew sakemm ikunu kannella dehbi għal aktar fond. Jekk minflok issaħħan iż-żejt jew il-butir l-ewwel, ix-xaħam jista' jisħon wisq jekk it-taġen ikun irqiq, is-sħana tkun għolja wisq, jew int distratt. Meta jiżdiedu t-togħmiet l-oħra tas-soffritto, huma kannella malajr wisq u b'mod irregolari.

Is-soffritto f'din ir-riċetta tal-Emilia-Romagna jsir f'żewġ stadji. Ibda biż-żejt taż-żebbuġa u l-basla biss billi nixtieq li l-basla tittrasferixxi t-togħma tagħha għaż-żejt u tgħib xi ftit lejn il-qiegħ. It-tieni stadju jinvolvi t-tisjir tal-karfus, it-tursin u t-tewm sabiex il-karfus jibqa' kemmxejn tqarmeċ imma xorta joħroġ it-togħma tiegħu u joħloq saff ġdid ta' togħma mat-tursin u t-tewm.

Jekk tixtri gambli fil-qxur tagħhom, żommhom biex tagħmel stokk tal-gambli fit-togħma. Jekk int bil-għaġla, tista 'tixtri gambli mqaxxra u tuża biss l-istokk tat-tiġieġ jew tal-ħut, jew saħansitra ilma.

6 tazzi homemade <u>Soppa tat-tiġieġ</u> jew stokk tal-ħut mixtri mill-maħżen

gambli medju lira

1 basla żgħira mqatta' fin

2 imgħaref żejt taż-żebbuġa

1 tazza karfus imqatta'

2 sinniet tewm imqatta' fin

2 imgħaref tursin frisk imqatta'

2 tazzi ross medju, bħal Arborio, Carnaroli, jew Vialone Nano

Melħ u bżar iswed mitħun frisk għat-togħma.

1 tablespoon butir bla melħ jew żejt extra verġni taż-żebbuġa

1. Jekk meħtieġ, ipprepara l-brodu. Sussegwentement, qaxxar u dein il-gambli, filwaqt li rriżervaw il-qxur. Aqta' l-gambli f'biċċiet ta' 1/2 pulzier u warrab. Poġġi l-garzelli ġo kazzola kbira bl-istokk. Ħallih jagħli u sajjar għal 10 minuti. Iffiltra l-istokk u armi l-qxur. Erġa' lura l-brodu fit-taġen u ħallih għal nar baxx ħafna.

tnejn. Fi kazzola wiesgħa u tqila, sajjar il-basla fiż-żejt fuq nar medju, ħawwad spiss, madwar 5 minuti. Żid il-karfus, it-tewm u t-tursin u sajjar għal 5 minuti oħra.

3. Żid ir-ross mal-ħaxix u ħawwad sew. Żid 1/2 tazza stokk u sajjar, ħawwad, sakemm il-likwidu jiġi assorbit. Kompli żid stokk 1/2 tazza kull darba, ħawwad wara kull żieda.

Aġġusta n-nar sabiex il-likwidu jagħli malajr iżda r-ross ma jeħelx mat-taġen.

Erbgħa. Meta r-ross ikun kważi imsajjar, żid il-gambli u l-melħ u l-bżar għat-togħma. Uża biss stokk kemm hemm bżonn sakemm ir-ross ikun teneri iżda sod u r-risotto ikun niedja u krema. Meta taħseb li lest, ipprova xi ħbub. Jekk m'intix lest, ipprova t-test mill-ġdid fi ftit minuta jew hekk. Jekk il-brodu jispiċċa qabel ma jsir ir-ross, uża ilma sħun. Il-ħin tat-tisjir huwa minn 18 sa 20 minuta.

5. Neħħi r-risotto minn fuq in-nar. Żid il-butir jew iż-żejt u ħawwad sakemm kollox jitħallat. Servi immedjatament.

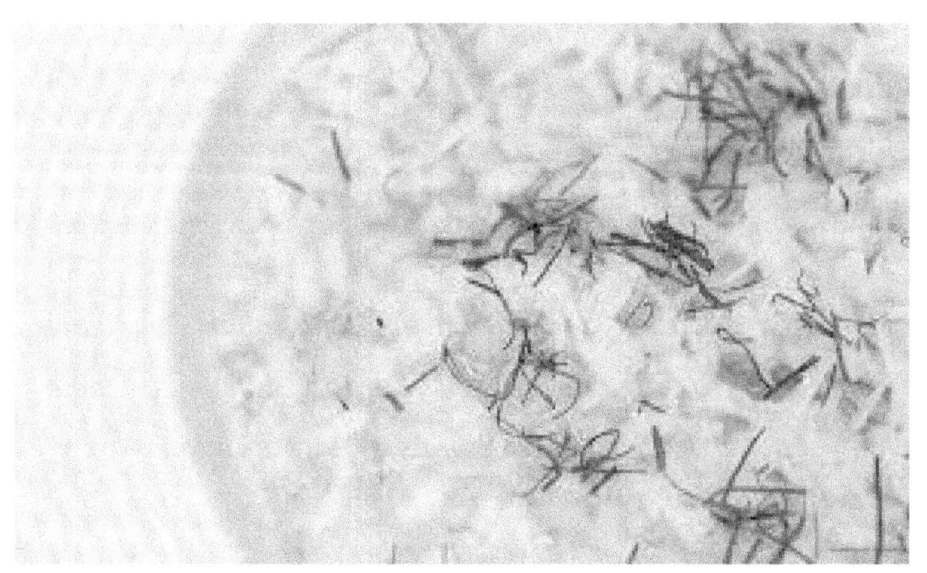

Risotto bil-"frott tal-baħar"

Risotto bil-Frutti di Mare

Jagħmel 4 sa 6 porzjonijiet

Ma' dan ir-risotto jistgħu jiżdiedu gandoffli żgħar jew mussels, jew saħansitra biċċiet ta' ħut sod bħat-tonn. Koki mill-Veneto, minn fejn ġejja din ir-riċetta, jippreferu r-ross Vialone Nano.

6 tazzi<u>Soppa tat-tiġieġ</u>jew ilma

6 imgħaref żejt taż-żebbuġa

2 imgħaref tursin frisk imqatta'

2 sinniet tat-tewm kbar, ikkapuljat

1/2 libbra kalamari (klamari), imqatta' f'ċrieki ta' 1/2 pulzier u tentakli maqtugħin min-nofs mill-qiegħ (ara<u>Tindif tal-klamari (klamari)</u>)

1 1/4 libbra gambli, imqaxxra u mqaxxra u maqtugħa f'biċċiet ta' 1/2 pulzier

¼ lira arzell, maqtugħ f'biċċiet ta '1 pulzier

Mielħa

niskata bżar aħmar mitħun

1 basla medja, imqatta 'b'mod fin

2 tazzi ross medju, bħal Arborio, Carnaroli, jew Vialone Nano

1 1/2 tazza inbid abjad niexef

1 tadam tadam imqaxxar, żerriegħa u mqatta

1. Jekk meħtieġ, ipprepara l-brodu. Poġġi 3 imgħaref żejt mattewm u t-tursin f'taġen wiesa' u tqil. Sajjar fuq nar medju, waqt li ħawwad kultant, sakemm it-tewm ikun irattab u kannella dehbi, madwar 2 minuti. Żid il-frott tal-baħar kollu, il-melħ għat-togħma, u l-bżar aħmar u sajjar, ħawwad, sakemm il-kalamari jkun opak, madwar 5 minuti.

tnejn. Qabbad il-frott tal-baħar fuq platt b'kuċċarina. Żid l-istokk tat-tiġieġ fit-taġen u ħallih jagħli. Żomm l-istokk fuq nar baxx ħafna waqt li issajjar ir-risotto.

3. Fi kazzola wiesgħa u tqila fuq nar medju, sajjar il-basla fit-3 imgħaref taż-żejt li jifdal sa kannella dehbi, madwar 10 minuti.

Erbgħa. Żid ir-ross u sajjar, ħawwad b'kuċċarina tal-injam, sakemm jaħraq, madwar 2 minuti. Żid l-inbid. Sajjar sakemm il-biċċa l-kbira tal-likwidu jkun ġie assorbit. Żid 1/2 tazza stokk sħun u ħawwad sakemm il-likwidu jiġi assorbit. Kompli żid stokk 1/2 tazza kull darba, ħawwad wara kull żieda. Aġġusta n-nar sabiex il-likwidu jagħli malajr iżda r-ross ma jeħelx mat-taġen. Żid it-tadam u l-melħ għat-togħma f'nofs it-tisjir.

5. Uża biss kemm hemm bżonn brodu sakemm ir-ross ikun artab iżda sod u r-risotto ikun kremuż. Meta taħseb li lest, ipprova xi ħbub. Jekk m'intix lest, ipprova t-test mill-ġdid fi ftit minuta jew hekk. Jekk il-brodu jispiċċa qabel ma jsir ir-ross, uża ilma sħun. Il-ħin tat-tisjir huwa minn 18 sa 20 minuta.

6. Żid il-frott tal-baħar fit-taġen u sajjar għal minuta oħra. Neħħi t-taġen tar-risotto minn fuq in-nar. Servi immedjatament.

Sieq tal-ħaruf mixwi bil-patata, tewm u klin

Agnello al Forno

Jagħmel 6 porzjonijiet

It-Taljani jservu dan il-ħaruf magħmul tajjeb, imma naħseb li għandu togħma aħjar meta jkun rari medja, li huwa ta 'madwar 130 ° F fuq termometru li jinqara instantanament. Halli l-ħaruf jistrieħ wara l-inkaljar sabiex il-meraq ikollu ċ-ċans li jirtira lejn iċ-ċentru tal-laħam.

6 patata għal kull użu, imqaxxra u maqtugħa f'biċċiet ta' 1 pulzier

3 imgħaref żejt taż-żebbuġa

Melħ u bżar iswed mitħun frisk

1 sieq tal-ħaruf fuq l-għadam, mirqum (madwar 5 1/2 libbra)

6 sinniet tat-tewm imqattgħin fin

2 imgħaref klin frisk imqatta

1. Poġġi xtilliera fiċ-ċentru tal-forn. Saħħan il-forn għal 350 ° F. Poġġi l-patata f'taġen tal-inkaljar kbir biżżejjed biex iżżomm il-laħam u l-patata mingħajr iffullar. Idlek biż-żejt, il-melħ u l-bżar għat-togħma.

tnejn. Agħmel qatgħat baxxi mal-ħaruf b'sikkina żgħira. Waħħal ftit tewm u klin fl-islots, żommu ftit għall-patata. Roxx il-laħam b'mod ġeneruż bil-melħ u l-bżar. Ifred il-patata u żid il-laħam, in-naħa tax-xaħam 'il fuq.

3. Poġġi t-taġen fil-forn u aħmi għal 30 minuta. Dawwar il-patata. Grill għal 30 sa 45 minuta oħra jew sakemm it-temperatura interna tkejjel 130 ° F fuq termometru li jinqara instantanament fl-eħxen parti tal-laħam, 'il bogħod mill-għadam. Neħħi t-taġen mill-forn u poġġi l-ħaruf fuq bord tat-tqattigħ. Għatti l-laħam bil-fojl tal-aluminju. Hallih joqgħod għal mill-inqas 15-il minuta qabel ma tqatta'.

Erbgħa. Ittestja l-patata biex tara jekk hix imsajjar billi ttaqqabha b'sikkina li taqta'. Jekk ikollhom bżonn issajjar aktar, aqleb il-forn għal 400 ° F, erġa 'lura l-skillet fil-forn, u sajjar sakemm tkun offerta.

5. Qatta' l-ḥaruf u servi sħun mal-patata.

Riġel tal-Ħaruf bil-Lumi, Ħxejjex aromatiċi u Tewm

Agnello Steccato

Jagħmel 6 porzjonijiet

Ħabaq, nagħniegħ, tewm u fwieħa tal-lumi dan ixwi tal-ħaruf. Ladarba fil-forn, ma tantx tista' tagħmel dwarha. Huwa d-dixx perfett għal pranzu żgħir jew pranzu tal-Ħadd. Jekk mixtieq, żid ftit patata, karrotti, nevew, jew ħxejjex bl-għeruq oħra mal-casserole.

1 sieq tal-ħaruf, imqatta' sew (madwar 3 liri)

2 sinniet tewm

2 imgħaref ħabaq frisk imqatta

1 tablespoon mint frisk imqatta

1/4 tazzi Pecorino Romano jew Parmigiano-Reggiano maħkuk friski

1 kuċċarina qoxra tal-lumi

1 1/2 kuċċarina oregano imnixxef

Melħ u bżar iswed mitħun frisk

2 imgħaref żejt taż-żebbuġa

1. Poġġi xtilliera fiċ-ċentru tal-forn. Saħħan il-forn għal 425°F.

tnejn. Qatta' t-tewm, il-ħabaq u n-nagħniegħ fin. Fi skutella żgħira, għaqqad it-taħlita ma 'ġobon, qoxra tal-lumi, u oregano. Żid 1 kuċċarina melħ u bżar mitħun frisk għat-togħma. Permezz ta' sikkina żgħira, agħmel qatgħat fond ta' madwar 3/4 pulzier fil-laħam. Waqqa 'ftit mit-taħlita tal-ħwawar f'kull slot. Ogħrok iż-żejt fuq il-laħam. Ixwi għal 15-il minuta.

3. Naqqas is-sħana għal 350 ° F. Grill 1 siegħa itwal jew sakemm il-laħam ikun rari medju u t-temperatura interna tilħaq 130 ° F fuq termometru li jinqara instantanament imdaħħal fl-eħxen parti iżda ma jmissx l-għadam.

Erbgħa. Neħħi l-ħaruf mill-forn u poġġi fuq bord tat-tqattigħ. Għatti l-ħaruf bil-fojl tal-aluminju u ħallieh jistrieħu għal 15-il minuta qabel tinqix. Servi sħun.

Zucchini mimli bil-ħaruf stewed

Zucchini Ripien

Jagħmel 6 porzjonijiet

Sieq tal-ħaruf titma' folla, iżda wara pranzu żgħir ħafna drabi jkolli fdalijiet. Imbagħad nagħmel dan Zucchini mimli Delicious. Tipi oħra ta 'laħam imsajjar jew saħansitra tjur jistgħu jiġu sostitwiti.

2 sa 3 flieli (1/2 pulzier ħoxna) ħobż Taljan

1 1/4 tazza ħalib

ħaruf imsajjar libbra

2 bajd kbar

2 imgħaref tursin frisk imqatta'

2 sinniet tewm imqatta' fin

1/2 tazzi Pecorino Romano jew Parmigiano-Reggiano maħkuk friski

Melħ u bżar iswed mitħun frisk

6 zucchini medju, maħsul u mirqum

2 tazzi zalza tat-tadam, bħalzalza marinara

1. Poġġi xtilliera fiċ-ċentru tal-forn. Saħħan il-forn għal 425 ° F. Griż taġen tal-ħami ta '13 × 9 × 2 pulzieri.

tnejn. Neħħi l-qoxra mill-ħobż u aqta' l-ħobż f'biċċiet. (Għandek ikollok madwar 1 tazza.) Poġġi l-biċċiet fi skutella medja, ferra l-ħalib u ħalli tixxarrab.

3. Qatta' l-laħam fin fi proċessur tal-ikel. Ittrasferixxi għal skutella kbira. Żid il-bajd, it-tursin, it-tewm, il-ħobż imxarrab, 1/4 tazza ġobon, u melħ u bżar għat-togħma. Ħallat sew.

Erbgħa. Aqta' l-zucchini bin-nofs tul. Oħroġ iż-żrieragħ. Imla l-zucchini bit-taħlita tal-laħam. Irranġa l-zucchini ħdejn xulxin fit-taġen. Ferra' fuq iz-zalza u ferrex mal-ġobon li fadal.

5. Aħmi għal 35 sa 40 minuta jew sakemm il-mili jissajjar u l-zucchini jkun sarr. Servi sħun jew f'temperatura tal-kamra.

Fenek bl-inbid abjad u ħxejjex aromatiċi

Inbid abjad Coniglio

Jagħmel 4 porzjonijiet

Din hija riċetta bażika tal-fenek tal-Ligurja li tista' tiġi varjata billi żżid żebbuġ iswed jew aħdar jew ħwawar oħra. Il-koki f'dan ir-reġjun jippreparaw il-fenek b'ħafna modi differenti, inkluż bil-ġewż tal-arżnu, il-faqqiegħ jew il-qaqoċċ.

Fenek 1 (2 1/2 sa 3 liri), maqtugħ fi 8 biċċiet

Melħ u bżar iswed mitħun frisk

3 imgħaref żejt taż-żebbuġa

1 basla żgħira mqatta' fin

1 1/2 tazza zunnarija mqatta 'b'mod fin

1 1/2 tazza karfus imqatta

1 tablespoon weraq tar-klin frisk imqatta

1 kuċċarina sagħtar frisk imqatta'

1 werqa tar-rand

1 1/2 tazza inbid abjad niexef

1 tazza brodu tat-tiġieġ

1. Laħlaħ il-biċċiet tal-fenek u nixxefhom bil-karta tal-kċina. Staġun bil-melħ u l-bżar.

tnejn. Saħħan iż-żejt fi skillet kbira fuq nar medju. Żid il-fenek u kannella min-naħat kollha, madwar 15-il minuta.

3. Ferrex il-basla, il-karrotta, il-karfus u l-ħwawar madwar il-biċċiet tal-fenek u sajjar sakemm il-basla jirtab, madwar 5 minuti.

Erbgħa. Żid l-inbid u ħallih jagħli. Sajjar sakemm il-biċċa l-kbira tal-likwidu jkun evapora, madwar 2 minuti. Żid il-brodu u ħallih jagħli. Naqqas is-sħana għal minimu. Għatti l-borma u sajjar, iddawwar il-fenek kultant bil-pinna, sakemm tkun delikata meta tittaqqab bil-furketta, madwar 30 minuta.

5. Ittrasferixxi l-fenek għal platt li jservi. Għatti u żomm sħun. Żid is-sħana u sajjar il-kontenut tal-skillet sakemm

jitnaqqas u oħxon, madwar 2 minuti. Armi l-werqa tar-rand.

6. Ferra l-kontenut tat-taġen fuq il-fenek u servi immedjatament.

Fenek biż-Żebbuġ

Coniglio alla Stimperata

Jagħmel 4 porzjonijiet

Il-bżar aħmar, iż-żebbuġ aħdar u l-kappar jagħtu ħwawar lil dan il-platt tal-fenek stil Sqalli. It-terminu alla stimperata huwa applikat għal diversi riċetti Sqallin, għalkemm it-tifsira tiegħu mhix ċara. Jista 'jiġi minn stemperare, li jfisser "biex jinħall, ħallat, jew ħallat" u jirreferi għaż-żieda ta' ilma malborma waqt li l-fenek ikun qed isajjar.

Fenek 1 (2 1/2 sa 3 liri), maqtugħ fi 8 biċċiet

1 1/4 tazza żejt taż-żebbuġa

3 sinniet tewm imqatta' fin

1 tazza żebbuġ aħdar bil-għadma, mlaħalħa u mneħħija

2 bżar qampiena aħmar, imqatta' rqiq

1 tablespoon kappar, laħlaħ

niskata oregano

Melħ u bżar iswed mitħun frisk

2 imgħaref ħall tal-inbid abjad

1 1/2 tazza ilma

1. Laħlaħ il-biċċiet tal-fenek u nixxefhom bil-karta tal-kċina.

tnejn. Saħħan iż-żejt fi skillet kbira fuq nar medju. Żid il-fenek u sajjar sakemm tismar sew min-naħat kollha, madwar 15-il minuta. Poġġi l-biċċiet tal-fenek fuq platt.

3. Żid it-tewm fit-taġen u sajjar għal minuta. Żid iż-żebbuġ, il-bżar qampiena, il-kappar u l-oregano. Sajjar, ħawwad għal 2 minuti.

Erbgħa. Erġa' lura l-fenek fit-taġen. Staġun bil-melħ u l-bżar. Żid il-ħall u l-ilma u ħallih jagħli. Naqqas is-sħana għal minimu. Għatti u sajjar, dawwar il-fenek okkażjonalment, sakemm isir tender meta mtaqqab bil-furketta, madwar 30 minuta. Żid ftit ilma meta l-likwidu jevapora. Ittrasferixxi għal skutella tas-servizz u servi sħun.

Fenek, stil Porchetta

Coniglio fil-Porchetta

Jagħmel 4 porzjonijiet

Il-kombinazzjoni ta 'ħwawar użata biex issir il-majjal mixwi hija tant delikata li l-koki adattawha għal laħmijiet oħra li huma aktar komdi biex issajjar. Il-bużbież selvaġġ jintuża fir-reġjun tal-Marche, iżda ż-żerriegħa tal-bużbież imnixxfa jistgħu jiġu sostitwiti.

Fenek 1 (2½ sa 3 liri), maqtugħ fi 8 biċċiet

Melħ u bżar iswed mitħun frisk

2 imgħaref żejt taż-żebbuġa

2 uqija pancetta

3 sinniet tat-tewm imqattgħin fin

2 imgħaref klin frisk imqatta

1 tablespoon ta 'żerriegħa tal-bużbież

2 jew 3 weraq salvja

1 werqa tar-rand

1 tazza inbid abjad niexef

1 1/2 tazza ilma

1. Laħlaħ il-biċċiet tal-fenek u nixxefhom bil-karta tal-kċina. Staġun bil-melħ u l-bżar.

tnejn. Fi skillet kbira biżżejjed biex iżżomm il-biċċiet tal-fenek f'saff wieħed, saħħan iż-żejt fuq sħana medja. Irranġa l-biċċiet fit-taġen. Ifrex il-bejken kollu. Sajjar sakemm il-fenek ikun kannella fuq naħa waħda, madwar 8 minuti.

3. Dawwar il-fenek u ferrex it-tewm, il-klin, il-bużbież, is-salvja u l-weraq tar-rand minn kull naħa. Meta l-fenek ikun kannella fuq it-tieni naħa, wara madwar 7 minuti, żid l-inbid u ħawwad, tobrox il-qiegħ tat-taġen. Ħalli l-inbid għal minuta.

Erbgħa. Sajjar mikxuf, iddawwar il-laħam kultant, sakemm il-fenek ikun ferm ferm u jaqa' mill-għadam, madwar 30 minuta. (Żid ftit ilma jekk it-taġen jinxef wisq.)

5. Armi l-werqa tar-rand. Poġġi l-fenek fuq platt tas-servizz u servi jaħraq mal-meraq tat-taġen.

Fenek bit-Tadam

Coniglio alla Ciociara

Jagħmel 4 porzjonijiet

Fir-reġjun ta' Ciociara, barra Ruma, magħruf għall-kċina delizzjuża tiegħu, il-fenek jissajjar f'zalza ta' tadam u inbid abjad.

Fenek 1 (2½ sa 3 liri), maqtugħ fi 8 biċċiet

2 imgħaref żejt taż-żebbuġa

2 uqija pancetta, imqatta' ħxuna u mqatta' fin

2 imgħaref tursin frisk imqatta'

1 sinna tat-tewm, imfarrak ħafif

Melħ u bżar iswed mitħun frisk

1 tazza inbid abjad niexef

2 tazzi tadam għanbaqar, imqaxxar, żerriegħa u mqatta

1. Laħlaħ il-biċċiet tal-fenek u nixxefhom bil-karta tal-kċina. Saħħan iż-żejt fi skillet kbira fuq nar medju. Poġġi l-fenek fit-taġen, imbagħad żid il-pancetta, it-tursin u t-tewm. Aħmi sakemm il-fenek ikun kannella sew min-naħat kollha, madwar 15-il minuta. Staġun bil-melħ u l-bżar.

tnejn. Neħħi t-tewm mit-taġen u armi. Żid l-inbid u ħalliha ttektek għal minuta.

3. Naqqas is-sħana għal minimu. Żid it-tadam u sajjar sakemm il-fenek ikun sar u jaqa' mill-għadam, madwar 30 minuta.

Erbgħa. Poġġi l-fenek fuq platt tas-servizz u servi sħun mazzalza.

Fenek stewed ħelu u qares

Coniglio in Agrodolce

Jagħmel 4 porzjonijiet

L-Isqallin huma magħrufa għall-ħelu tagħhom, wirt tal-ħakma Moorish tal-gżira li dam mill-inqas mitejn sena. Iż-żbib, iz-zokkor u l-ħall jagħtu lil dan il-fenek togħma kemmxejn ħelwa u qarsa.

Fenek 1 (2½ sa 3 liri), maqtugħ fi 8 biċċiet

2 imgħaref żejt taż-żebbuġa

2 uqija pancetta maqtugħa ħoxna, imqatta

1 basla medja, imqatta 'b'mod fin

Melħ u bżar iswed mitħun frisk

1 tazza inbid abjad niexef

2 imsiemer tal-qronfol sħaħ

1 werqa tar-rand

1 tazza ċanga jew stokk tat-tiġieġ

1 mgħarfa zokkor

1 1/4 tazza ħall tal-inbid abjad

2 imgħaref taż-żbib

2 imgħaref ta 'ġewż tal-arżnu

2 imgħaref tursin frisk imqatta'

1. Laħlaħ il-biċċiet tal-fenek u nixxefhom bil-karta tal-kċina. Fi skillet kbira, saħħan iż-żejt u l-pancetta fuq nar medju għal 5 minuti. Żid il-fenek u sajjar fuq naħa waħda sakemm tismar, madwar 8 minuti. Dawwar il-biċċiet tal-fenek bil-pinna u qassam il-basla min-naħat kollha. Staġun bil-melħ u l-bżar.

tnejn. Żid l-inbid, il-qronfol u l-weraq tar-rand. Ħalli l-likwidu jagħli u sajjar sakemm ħafna mill-inbid ikun evapora, madwar 2 minuti. Żid il-brodu u għatti t-taġen. Naqqas is-shana għall-baxx u sajjar sakemm il-fenek ikun sart, 30 sa 45 minuta.

3. Poġġi l-biċċiet tal-fenek fuq platt. (Jekk għad fadal ħafna likwidu, sajjar fuq nar għoli sakemm jitnaqqas.) Żid iz-zokkor, il-ħall, iż-żbib u l-ġewż tal-arżnu. Ħawwad sakemm iz-zokkor jinħall, madwar minuta.

Erbgħa. Erġa' l-fenek fit-taġen u sajjar, dawwar il-biċċiet fiz-zalza, sakemm jidhru miksija sew, madwar 5 minuti. Żid it-tursin u servi sħun mal-meraq tat-taġen.

Fenek inkaljat bil-patata

Coniglio Arrosto

Jagħmel 4 porzjonijiet

Fil-ħabiba tiegħi Dora Marzovilla, ikla tal-Ħadd jew ikla ta' okkażjoni speċjali ħafna drabi tibda b'varjetà ta' ħaxix imqareb li jqarmeċ u teneri, bħal qlub tal-qaqoċċ jew asparagu, segwiti minn skutelli tal-fwar ta' orecchiette homemade jew cavatelli b'ragout delizzjuż magħmul bil-pulpetti żgħar. Dora, minn Rutigliano fil-Puglia, hija koka kbira u dan il-platt tal-fenek, li sservi bħala platt ewlieni, huwa wieħed mill-ispeċjalitajiet tagħha.

Fenek 1 (2½ sa 3 liri), maqtugħ fi 8 biċċiet

1¼ tazza żejt taż-żebbuġa

1 basla medja, imqatta 'b'mod fin

2 imgħaref tursin frisk imqatta'

½ tazza niexfa bl-inbid

Melħ u bżar iswed mitħun frisk

4 patata medja għal kull skop, imqaxxra u maqtugħa f'kunjardi ta' 1 pulzier

1 1/2 tazza ilma

1 1/2 kuċċarina oregano

1. Laħlaħ il-biċċiet tal-fenek u nixxefhom bil-karta tal-kċina. Fi skillet kbira, saħħan żewġ imgħaref żejt fuq sħana medja. Żid il-fenek, il-basla u t-tursin. Sajjar, iddawwar il-biċċiet kultant, sakemm ikunu kannella ħafif, madwar 15-il minuta. Żid l-inbid u sajjar għal 5 minuti oħra. Staġun bil-melħ u l-bżar.

tnejn. Poġġi xtilliera fiċ-ċentru tal-forn. Saħħan minn qabel il-forn għal 425 ° F. Griż taġen tal-inkaljar kbir biżżejjed biex iżżomm l-ingredjenti kollha f'saff wieħed.

3. Aqsam il-patata fit-taġen u itfa' maż-2 imgħaref żejt li jifdal. Żid il-kontenut tal-skillet mal-skillet u daħħal il-biċċiet tal-fenek madwar il-patata. Żid l-ilma. Roxx bl-oregano u l-melħ u l-bżar. Għatti t-taġen bil-fojl tal-aluminju. Ixwi għal

30 minuta. Ikxef u sajjar għal 20 minuta oħra jew sakemm il-patata tkun delikata.

Erbgħa. Ittrasferixxi għal skutella li sservi. Servi sħun.

qaqoċċ immarinat

Carciofi Marinati

Jagħmel 6 sa 8 porzjonijiet

Dawn il-qaqoċċ huma eċċellenti fl-insalati, bil-qatgħat kiesaħ jew bħala parti minn assortiment antipasto. Il-qaqoċċ se jżomm għal mill-inqas ġimagħtejn fil-friġġ.

Jekk m'għandekx qaqoċċ tat-trabi, ibdelhom b'qaqoċċ medju, maqtugħ fi tmien kunjardi.

1 tazza ħall tal-inbid abjad

2 tazzi ilma

1 werqa tar-rand

1 sinna tat-tewm sħiħa

8 sa 12-il qaqoċċ żgħir, imqatta' u fi kwarti (araBiex issajjar qaqoċċ sħaħ)

niskata bżar aħmar mitħun

Mielħa

żejt taż-żebbuġa extra verġni

1. Fi kazzola kbira, għaqqad il-ħall, l-ilma, il-weraq tar-rand u t-tewm. Ħalli l-likwidu jagħli.

tnejn. Żid il-qaqoċċ, il-bżar aħmar mitħun u l-melħ għat-togħma. Sajjar sakemm tkun tenera meta mtaqqba b'sikkina, 7 sa 10 minuti. Neħħi mis-sħana. Ferra l-kontenut tat-taġen minn għarbiel fin ġo skutella. Żomm il-likwidu.

3. Ippakkja l-qaqoċċ f'vażetti tal-ħġieġ sterilizzati. Ferra l-likwidu tat-tisjir biex ikopri. Ħallih jiksaħ kompletament. Għatti u friġġ għal mill-inqas 24 siegħa jew sa ġimgħatejn.

Erbgħa. Qabel ma sservi, ixxotta l-qaqoċċ u drixx biż-żejt.

Qaqoċċ Ruman

Carciofi alla Romana

Jagħmel 8 porzjonijiet

Irziezet żgħar madwar Ruma kollha jipproduċu ħafna qaqoċċ frisk matul l-istaġuni tar-rebbiegħa u tal-ħarifa tal-qaqoċċ. Trakkijiet żgħar jeħduhom lejn is-swieq tal-kantunieri, fejn jinbiegħu eżatt minn wara tat-trakk. Il-qaqoċċ għandu zkuk twal u l-weraq għadhom imwaħħla, għax iz-zkuk, ladarba jitqaxxru, huma tajbin biex jittieklu. Ir-Rumani sajru l-qaqoċċ biz-zokk 'il fuq. Jidhru attraenti ħafna meta jitqiegħdu fuq platt li jservi.

2 sinniet tat-tewm kbar, ikkapuljat

2 imgħaref tursin frisk imqatta'

1 tablespoon mint frisk imqatta jew 1/2 kuċċarina marjoram imnixxef

Melħ u bżar iswed mitħun frisk

1 1/4 tazza żejt taż-żebbuġa

8 qaqoċċ medju, ippreparat għall-mili (araBiex issajjar qaqoċċ sħaħ)

1 1/2 tazza inbid abjad niexef

1.Fi skutella żgħira, għaqqad it-tewm, it-tursin u n-nagħniegħ jew il-marjoram. Żid il-melħ u l-bżar għat-togħma. Żid 1 tablespoon żejt.

tnejn. Separa bil-galbu l-weraq mill-qaqoċċ u imbotta ftit mit-taħlita tat-tewm fiċ-ċentru. Agħfas bil-mod il-qaqoċċ biex iżżomm il-mili, poġġihom iz-zokk naħa 'l fuq f'taġen kbir biżżejjed biex iżżommhom wieqfa. Ferra l-inbid madwar il-qaqoċċ. Żid l-ilma sa fond ta '3/4 pulzier. Idlek il-qaqoċċ maż-żejt li fadal.

3.Għatti t-taġen u ħalli l-likwidu jagħli fuq nar medju. Sajjar għal 45 minuta jew sakemm il-qaqoċċ ikun tenera meta mtaqqab b'sikkina. Servi sħun jew f'temperatura tal-kamra.

qaqoċċ stewed

Carciofi Stufati

Jagħmel 8 porzjonijiet

Il-qaqoċċ huma membri tal-familja thistle u jikbru fuq pjanti qosra u bushy. Huma jinstabu jikbru selvaġġi f'ħafna postijiet fin-Nofsinhar tal-Italja u ħafna nies jikbruhom fil-ġonna tagħhom stess. Qaqoċċ fil-fatt huwa fjura mhux miftuħa. Qaqoċċ kbir ħafna jikbru fil-quċċata tal-bush, filwaqt li dawk iżgħar nibtu fil-bażi. Qaqoċċ żgħir, spiss imsejjaħ qaqoċċ tat-trabi, huwa ideali għall-braising. Ippreparahom biex issajjar bħalma tagħmel qaqoċċ akbar. In-nisġa u t-togħma ħelwa tal-butir huma speċjalment tajbin mal-ħut.

1 basla żgħira mqatta' fin

1 1/4 tazza żejt taż-żebbuġa

1 sinna tewm imqatta' fin

2 imgħaref tursin frisk imqatta'

2 liri tarbijaqaqoċċ, mirqum u kwarti

1 1/2 tazza ilma

Melħ u bżar iswed mitħun frisk

1. Fi kazzola kbira, sajjar il-basla fiż-żejt fuq nar medju sakemm irtab, madwar 10 minuti. Żid it-tewm u t-tursin.

tnejn. Żid il-qaqoċċ fit-taġen u ħawwad sew. Żid l-ilma u l-melħ u l-bżar għat-togħma. Għatti u ħalliha ttektek sakemm il-qaqoċċ ikun tenera meta mtaqqab b'sikkina, madwar 15-il minuta. Servi sħun jew f'temperatura tal-kamra.

Varjazzjoni: Fil-pass 2, żid 3 patata medja, imqaxxra u maqtugħa f'kubi ta '1 pulzier, flimkien mal-basla.

Qaqoċċ, stil Lhudi

Carciofi alla Giudia

Jagħmel 4 porzjonijiet

Il-Lhud ġew l-ewwel Ruma fl-1 seklu QK. Huma stabbilixxew ħdejn ix-Xmara Tiber u fl-1556 kienu miżmuma f'ghetto b'ħitan mill-Papa Pawlu IV. Ħafna kienu foqra u setgħu jgħixu fuq l-ikel sempliċi u rħis li kien disponibbli, bħal merluzz, zucchini, u qaqoċċ. Sakemm il-ħitan tal-ghetto waqgħu f'nofs is-seklu 19, il-Lhud ta' Ruma kienu żviluppaw l-istil ta' tisjir tagħhom stess, li aktar tard qabad ma' Rumani oħra. Illum, platti Lhud bħal fjuri tal-zucchini mimlijin moqlija, Injokki tas-smid, u dawn il-qaqoċċ huma meqjusa bħala klassiċi Rumani.

Il-Kwartier Lhudi ta' Ruma għadu jeżisti u hemm diversi ristoranti tajbin fejn tista' tieħu kampjun ta' dan l-istil ta' tisjir. F'Piperno u Da Giggetto, żewġ trattorias favoriti, dan il-qaqoċċ moqli jiġi servut sħun b'ħafna melħ. Il-weraq huma tqarmeċ daqs iċ-ċipep tal-patata. Qaqoċċ splatter meta tisjir, għalhekk żomm 'il bogħod mill-fuklar u ipproteġi idejk.

4 medjuqaqoċċ, ippreparat bħala għall-mili

Żejt taż-żebbuġa

Mielħa

1. Nixxef il-qaqoċċ. Poġġi qaqoċċ, in-naħa tal-qiegħ 'l fuq, fuq wiċċ ċatt. Agħfas il-qaqoċċ bil-keffa ta' idejk biex iċċattjaha u ferrex il-weraq miftuħ. Irrepeti mal-bqija tal-qaqoċċ. Dawwarhom sabiex il-ponot tal-weraq ikunu jħarsu 'l fuq.

tnejn. Fi skillet kbir, fond jew kazzola wiesgħa u tqila, saħħan madwar 2 pulzieri żejt taż-żebbuġa fuq nar medju sakemm werqa tal-qaqoċċ tiżloq fiż-żejt u kannella malajr. Ipproteġi idejk b'mitt tal-forn, peress li ż-żejt jista' jitfaxxa u jitfarrak meta l-qaqoċċ ikun imxarrab. Żid il-qaqoċċ bil-weraq 'l isfel. Sajjar, agħfas il-qaqoċċ fiż-żejt b'kuċċarina slotted, sakemm kannella dehbi fuq naħa waħda, madwar 10 minuti. Bl-użu tal-pinzetti, aqleb il-qaqoċċ bir-reqqa u sajjar sakemm ikun kannella dehbi, madwar 10 minuti aktar.

3. Ixxotta fuq karta tal-kċina. Roxx bil-melħ u servi immedjatament.

Stew tal-Ħxejjex tar-Rebbiegħa Rumana

Il-vignarola

Jagħmel 4 sa 6 porzjonijiet

It-Taljani huma sintonizzati ħafna mal-istaġuni u l-wasla tal-ewwel qaqoċċ tar-rebbiegħa tindika li x-xitwa spiċċat u t-temp sħun dalwaqt se jerġa' lura. Biex jiċċelebraw, ir-Rumani jieklu skutelli ta' dan l-istuffat tal-ħaxix frisk tar-rebbiegħa, bil-qaqoċċ bħala l-platt ewlieni.

4 uqija pancetta imqatta', imqatta'

1 1/4 tazza żejt taż-żebbuġa

1 basla medja mqatta'

4 medjuqaqoċċ, mirqum u kwarti

1 libbra fava fava friska, imqaxxra jew sostitut għal tazza fava fava jew fava fava ffriżata

   1/2 tazzaSoppa tat-tiġieġ

Melħ u bżar iswed mitħun frisk

1 libbra piżelli friski, imqaxxra (madwar 1 tazza)

2 imgħaref tursin frisk imqatta'

1. Fi skillet kbira, sajjar il-pancetta fiż-żejt fuq nar medju. Hawwad spiss sakemm il-pancetta tibda tismar, 5 minuti. Żid il-basla u sajjar sa kannella dehbi, madwar 10 minuti oħra.

tnejn. Żid il-qaqoċċ, il-fażola, l-istokk u l-melħ u l-bżar għat-togħma. Baxxi n-nar. Għatti u sajjar għal 10 minuti jew sakemm il-qaqoċċ ikun kważi delikat meta mtaqqab b'sikkina. Żid il-piżelli u t-tursin u sajjar għal 5 minuti oħra. Servi sħun jew f'temperatura tal-kamra.

Qlub tal-qaqoċċ iqarmeċ

Carciofini Fritti

Jagħmel 6 sa 8 porzjonijiet

Fl-Istati Uniti, il-qaqoċċ jitkabbar primarjament f'Kalifornja, fejn tħawwel għall-ewwel darba fil-bidu tas-snin 1900 minn immigranti Taljani. Il-varjetajiet huma differenti minn dawk fl-Italja u ħafna drabi jkunu misjura ħafna meta jinġabru, xi drabi jagħmluhom iebsin u injam. Il-qlub tal-qaqoċċ iffriżati jistgħu jkunu tajbin ħafna u jiffrankaw ħafna ħin. Xi drabi nużahom għal din ir-riċetta. Il-qlub tal-qaqoċċ moqlija huma delizzjużi ma 'chops tal-ħaruf jew bħala starter.

12 tarbijaqaqoċċ, mirqum u kwarti, jew 2 pakketti (10-uqija) qlub tal-qaqoċċ iffriżati, imsajra ħafif skont id-direzzjonijiet tal-pakkett

3 bajd kbar, imsawta

Mielħa

2 tazzi frak tal-ħobż niexef

żejt għall-qali

Flieli tal-lumi

1. Qaqoċċ frisk jew imsajjar niexef. Fi skutella baxxa medja, ħabbat il-bajd bil-melħ għat-togħma. Ifrex il-frak tal-ħobż fuq folja ta' karta greaseproof.

tnejn. Poġġi xtilliera li tkessaħ fuq folja tal-ħami. Għaddas il-qaqoċċ fit-taħlita tal-bajd u mbagħad irromblahom fil-frak. Poġġi l-qaqoċċ fuq l-ixtilliera tal-wajer biex jinxef għal mill-inqas 15-il minuta qabel it-tisjir.

3. Line trej b'xugamani tal-karti. Ferra ż-żejt sa fond ta '1 pulzier fi skillet kbir u tqil. Saħħan iż-żejt sakemm qatra mit-taħlita tal-bajd tisraq. Żid qaqoċċ biżżejjed biex joqgħod komdu fit-taġen mingħajr iffullar. Sajjar, iddawwar il-biċċiet bil-pinna, sakemm dehbi kannella, madwar 4 minuti. Ixxotta fuq karta tal-kċina u żomm sħun waqt li taqli l-qaqoċċ li jkun fadal, f'lottijiet jekk meħtieġ.

Erbgħa. Roxx bil-melħ u servi sħun bil-felli tal-lumi.

Qaqoċċ Mimli

Carciofi Ripieni

Jagħmel 8 porzjonijiet

Hekk ommi dejjem għamlet il-qaqoċċ: hija preparazzjoni klassika madwar l-Italja t'Isfel. Hemm biżżejjed mili biex tagħti togħma lill-qaqoċċ u toħroġ it-togħma tiegħu. Wisq mili se jagħmel il-qaqoċċ imxarrab u tqil, għalhekk iżżidx l-ammont ta' frak tal-ħobż u għallinqas uża frak tal-ħobż ta' kwalità tajba. Il-qaqoċċ jista' jiġi ppreparat minn qabel u serva f'temperatura tal-kamra jew jittiekel sħun u frisk.

8 medjaqaqoċċ, ippreparat għall-mili

3/4 tazzi frak tal-ħobż niexef

1 1/4 tazza tursin frisk imqatta'

1/4 tazzi Pecorino Romano jew Parmigiano-Reggiano maħkuk friski

1 sinna tewm, imqatta fin ħafna

Melħ u bżar iswed mitħun frisk

Żejt taż-żebbuġa

1. Qatta' b'mod fin iz-zkuk tal-qaqoċċ b'sikkina kbira tal-kok. Itfa' z-zkuk fi skutella kbira mal-frak tal-ħobż, it-tursin, il-ġobon, it-tewm, u l-melħ u l-bżar għat-togħma. Żid ftit żejt u ħawwad biex inxarrab il-frak b'mod uniformi. Duqu u aġġusta l-ħwawar.

tnejn. Separa l-weraq bir-reqqa. Imla ħafif iċ-ċentru tal-qaqoċċ bit-taħlita tal-frak tal-ħobż u żid ukoll ftit mili bejn il-weraq. Ippakkjax il-mili.

3. Poġġi l-qaqoċċ ġo borma wiesgħa biżżejjed biex iżżommhom wieqfa. Żid l-ilma sa fond ta' 3/4 pulzieri madwar il-qaqoċċ. Idlek il-qaqoċċ bi 3 imgħaref żejt taż-żebbuġa.

Erbgħa. Għatti t-taġen u poġġiha fuq nar medju. Meta l-ilma jagħli, aqleb in-nar għal baxx. Sajjar għal madwar 40 sa 50 minuta (skond id-daqs tal-qaqoċċ) jew sakemm il-qiegħ tal-qaqoċċ ikun tenera meta mtaqqba b'sikkina u tinqala' weraq faċilment. Żid ilma sħun addizzjonali jekk meħtieġ biex tevita ħruq. Servi sħun jew f'temperatura tal-kamra.

Qaqoċċ mimli fi stil Sqalli

Carciofi alla Siciliana

Jagħmel 4 porzjonijiet

Il-klima sħuna u niexfa ta' Sqallija hija perfetta għat-tkabbir tal-qaqoċċ. Il-pjanti, li għandhom weraq tal-fidda bis-snien, huma pjuttost sbieħ u ħafna nies jużawhom bħala arbuxelli dekorattivi fil-ġonna tad-dar tagħhom. Fl-aħħar ta 'l-istaġun, il-qaqoċċ li jitħalla fuq il-pjanta maqsuma miftuħa, li jiżvela l-strangler kibret għal kollox fiċ-ċentru, li huwa vjola u bushy.

Dan huwa l-mod Sqalli tal-mili tal-qaqoċċ, li huwa aktar ikkumplikat mill-Qaqoċċ Mimliriċetta. Servi bħala starter ma' ħut grilled jew sieq tal-ħaruf.

4 medjuqaqoċċ, ippreparat għall-mili

1 1/2 tazza frak tal-ħobż

4 fletti tal-inċova, imqattgħin fin

2 imgħaref kappar imsoffiex imqattgħin

2 imgħaref ta 'ġewż tal-arżnu mixwi

2 imgħaref żbib tad-deheb

2 imgħaref tursin frisk imqatta'

1 sinna kbira tat-tewm, ikkapuljat

Melħ u bżar iswed mitħun frisk

4 imgħaref żejt taż-żebbuġa

1 1/2 tazza inbid abjad niexef

Ilma

1. Fi skutella medja, għaqqad il-frak tal-ħobż, l-inċova, il-kappar, il-ġewż tal-arżnu, iż-żbib, it-tursin, it-tewm, u l-melħ u l-bżar għat-togħma. Żid żewġ imgħaref żejt.

tnejn. Separa l-weraq bir-reqqa. Imla l-qaqoċċ laxk bit-taħlita tal-frak tal-ħobż u żid ukoll ftit mili bejn il-weraq. Ippakkjax il-mili.

3. Poġġi l-qaqoċċ ġo vażett kbir biżżejjed biex iżżommhom wieqfa. Żid l-ilma sa fond ta' 3/4 pulzieri madwar il-qaqoċċ.

Drixx maż-2 imgħaref żejt li jifdal. Ferra l-inbid madwar il-qaqoċċ.

Erbgħa. Għatti t-taġen u poġġiha fuq nar medju. Meta l-ilma jagħli, aqleb in-nar għal baxx. Sajjar għal 40 sa 50 minuta (skond id-daqs tal-qaqoċċ) jew sakemm il-qigħan tal-qaqoċċ ikunu teneri meta mtaqqba b'sikkina u weraq titqaxxar faċilment. Żid ilma sħun addizzjonali jekk meħtieġ biex tevita ħruq. Servi sħun jew f'temperatura tal-kamra.

Asparagu "fil-taġen"

Asparagu f'Padella

Jagħmel 4 sa 6 porzjonijiet

Dawn l-ispraġ malajr jinħakmu. Żid tewm imqatta' jew ħxejjex aromatiċi friski jekk mixtieq.

3 imgħaref żejt taż-żebbuġa

1 libbra asparagu

Melħ u bżar iswed mitħun frisk

2 imgħaref tursin frisk imqatta'

1. Aqta 'l-qiegħ tal-ispraġ fil-punt fejn iz-zokk idur minn abjad għal aħdar. Aqta' l-ispraġ f'biċċiet ta' 2 ċm.

tnejn. Saħħan iż-żejt fi skillet kbira fuq nar medju. Żid l-ispraġ u l-melħ u l-bżar għat-togħma. Sajjar 5 minuti, waqt li tħawwad spiss, jew sakemm l-ispraġ ikun imkannella ħafif.

3. Għatti t-taġen u sajjar għal 2 minuti oħra jew sakemm l-ispraġ ikun sarr. Żid it-tursin u servi immedjatament.

Asparagu biż-żejt u l-ħall

Insalata di Asparagi

Jagħmel 4 sa 6 porzjonijiet

Hekk kif l-ewwel lanez imkabbra lokalment jidhru fir-rebbiegħa, nippreparahom b'dan il-mod u fi kwantitajiet kbar biex nissodisfa x-xenqa li żviluppaw matul ix-xitwa twila. Dawwar l-ispraġ fil-dressing waqt li jkun għadu jaħraq biex jassorbi t-togħma.

1 libbra asparagu

Mielħa

1 1/4 tazza żejt taż-żebbuġa extra verġni

1 sa 2 imgħaref ħall tal-inbid aħmar

bżar iswed mitħun frisk

1. Aqta 'l-qiegħ tal-ispraġ fil-punt fejn iz-zokk idur minn abjad għal aħdar. Halli madwar 2 pulzieri ilma jagħli fi skillet kbir. Żid l-ispraġ u l-melħ għat-togħma. Sajjar sakemm l-ispraġ

jitgħawweġ ftit meta jitneħħa mit-tarf taz-zokk, 4 sa 8 minuti. Il-ħin tat-tisjir jiddependi fuq il-ħxuna tal-ispraġ. Neħħi l-ispraġ bil-pinzetta. Ixxotta fuq karta tal-kċina u nixxef.

tnejn. F'dixx kbir baxx, għaqqad iż-żejt, il-ħall, niskata melħ u ammont ġeneruż ta' bżar. Ħabbat bil-furketta sakemm titħallat. Żid l-ispraġ u aqleb bir-reqqa sakemm tkun miksija. Servi sħun jew f'temperatura tal-kamra.

Asparagu bil-butir tal-lumi

Asparagi al Donkey

Jagħmel 4 sa 6 porzjonijiet

L-ispraġ imsajjar b'dan il-mod sempliċi jmur ma 'kważi xi ħaġa mill-bajd għall-ħut sal-laħam. Għal varjazzjoni, żid ċall frisk imqatta', tursin jew ħabaq mal-butir.

1 libbra asparagu

Mielħa

2 imgħaref butir bla melħ, imdewweb

1 tablespoon ta 'meraq tal-lumi frisk

bżar iswed mitħun frisk

1. Aqta 'l-qiegħ tal-ispraġ fil-punt fejn iz-zokk idur minn abjad għal aħdar. Ħalli madwar 2 pulzieri ilma jagħli fi skillet kbir. Żid l-ispraġ u l-melħ għat-togħma. Sajjar sakemm l-ispraġ jitgħawweġ ftit meta jitneħħa mit-tarf taz-zokk, 4 sa 8 minuti. Il-ħin tat-tisjir jiddependi fuq il-ħxuna tal-ispraġ.

Neħħi l-ispraġ bil-pinzetta. Ixxotta fuq karta tal-kċina u nixxef.

tnejn. Naddaf it-taġen. Żid il-butir u sajjar fuq nar medju sakemm jiddewweb, madwar minuta. Żid il-meraq tal-lumi. Erġa' lura l-ispraġ fit-taġen. Roxx bil-bżar u aqleb bir-reqqa sabiex ikunu miksija biz-zalza. Servi immedjatament.

Asparaġu b'diversi zlazi

Jagħmel 4 sa 6 porzjonijiet

L-ispraġ imsajjar huma Delicious f'temperatura tal-kamra bi zlazi differenti. Huma ideali għal dinner party għax jistgħu jiġu ppreparati minn qabel. Ma jimpurtax jekk humiex ħoxnin jew irqaq, imma ipprova ġib asparagu li jkun bejn wieħed u ieħor tal-istess daqs biex issajjar indaqs.

mayonnaise taż-żejt taż-żebbuġa, mayonnaise oranġjo, jewZalza ħadra

1 libbra asparagu

Mielħa

1. Jekk meħtieġ, ipprepara z-zalza jew zlazi. Sussegwentement, aqta 'l-bażi tal-ispraġ fil-punt fejn iz-zokk idur minn abjad għal aħdar.

tnejn. Halli madwar 2 pulzieri ilma jagħli fi skillet kbir. Żid l-ispraġ u l-melħ għat-togħma. Sajjar sakemm l-ispraġ jitgħawweġ ftit meta jitneħħa mit-tarf taz-zokk, 4 sa 8 minuti. Il-ħin tat-tisjir jiddependi fuq il-ħxuna tal-ispraġ.

3. Neħħi l-ispraġ bil-pinzetta. Ixxotta fuq karta tal-kċina u nixxef. Servi l-ispraġ f'temperatura tal-kamra ma' waħda jew aktar mill-zlazi.

Asparagu bil-kappar dressing u bajd

Asparagu ma Caperi u Uove

Jagħmel 4 sa 6 porzjonijiet

F'Trentino-Alto Adige u Veneto, l-ispraġ abjad smin huwa ritwali tar-rebbiegħa. Huma moqlija u mgħollija, miżjuda ma 'risottos, sopop u insalati. Dressing tal-bajd huwa kondiment tipiku, bħal dan bil-meraq tal-lumi, tursin u kappar.

1 libbra asparagu

Mielħa

1 1/4 tazza żejt taż-żebbuġa

1 kuċċarina meraq tal-lumi frisk

bżar mitħun frisk

1 bajda mgħollija iebsa, f'kubi

2 imgħaref tursin frisk imqatta'

1 tablespoon kappar, laħlaħ u mneħħi

1. Aqta 'l-qiegħ tal-ispraġ fil-punt fejn iz-zokk idur minn abjad għal aħdar. Ħalli madwar 2 pulzieri ilma jagħli fi skillet kbir. Żid l-ispraġ u l-melħ għat-togħma. Sajjar sakemm l-ispraġ jitgħawweġ ftit meta jitneħħa mit-tarf taz-zokk, 4 sa 8 minuti. Il-ħin tat-tisjir jiddependi fuq il-ħxuna tal-ispraġ. Neħħi l-ispraġ bil-pinzetta. Ixxotta fuq karta tal-kċina u nixxef.

tnejn. Fi skutella żgħira, ħallat flimkien iż-żejt, il-meraq tal-lumi, u niskata melħ u bżar. Żid il-bajda, it-tursin u l-kappar.

3. Poġġi l-ispraġ fi skutella u għatti biz-zalza. Servi immedjatament.

Asparagu bil-ġobon Parmesan u butir

Asparagus alla Parmigiana

Jagħmel 4 sa 6 porzjonijiet

Dan ġieli jissejjaħ asparagi alla Milanese (asparagu stil Milan), għalkemm jittiekel f'ħafna reġjuni differenti. Jekk tista 'ssib asparagu abjad, huma partikolarment adattati għal dan it-trattament.

1 libbra asparagu chunky

Mielħa

2 imgħaref butir bla melħ

bżar iswed mitħun frisk

1/2 tazzi Parmigiano-Reggiano maħkuk frisk

1. Aqta 'l-qiegħ tal-ispraġ fil-punt fejn iz-zokk idur minn abjad għal aħdar. Ħalli madwar 2 pulzieri ilma jagħli fi skillet kbir. Żid l-ispraġ u l-melħ għat-togħma. Sajjar sakemm l-ispraġ jitgħawweġ ftit meta jitneħħa mit-tarf taz-zokk, 4 sa 8

minuti. Il-ħin tat-tisjir jiddependi fuq il-ħxuna tal-ispraġ. Neħħi l-ispraġ bil-pinzetta. Ixxotta fuq karta tal-kċina u nixxef.

tnejn. Poġġi xtilliera fiċ-ċentru tal-forn. Saħħan il-forn għal 450 ° F. Butir dixx kbir tal-ħami.

3. Irranġa l-ispraġ ħdejn xulxin f'dixx tal-ħami, kemmxejn fuq xulxin. Idlek bil-butir u ferrex bil-bżar u l-ġobon.

Erbgħa. Aħmi għal 15-il minuta jew sakemm il-ġobon jiddewweb u kannella dehbi. Servi immedjatament.

Asparagu u Pakketti tal-Prosciutto

Fagottini di Asparagi

Jagħmel 4 porzjonijiet

Għal dixx aktar qalb, xi drabi ngħolli kull pakkett bi flieli ta' Fontina Valle d'Aosta, mozzarella, jew ġobon ieħor li jdub sew.

1 libbra asparagu

Melħ u bżar mitħun frisk

4 flieli prosciutto Taljan importat

2 mgħaref tal-butir

¼ tazza Parmigiano-Reggiano maħkuk frisk

1. Aqta 'l-qiegħ tal-ispraġ fil-punt fejn iz-zokk idur minn abjad għal aħdar. Ħalli madwar 2 pulzieri ilma jagħli fi skillet kbir. Żid l-ispraġ u l-melħ għat-togħma. Sajjar sakemm l-ispraġ jitgħawweġ ftit meta jitneħħa mit-tarf taz-zokk, 4 sa 8 minuti. Il-ħin tat-tisjir jiddependi fuq il-ħxuna tal-ispraġ.

Neħħi l-ispraġ bil-pinzetta. Ixxotta fuq karta tal-kċina u nixxef.

tnejn. Poġġi xtilliera fiċ-ċentru tal-forn. Saħħan il-forn għal 350 ° F. Butir dixx kbir tal-ħami.

3. Dewweb il-butir f'taġen kbir. Żid l-ispraġ u ferrex bil-melħ u l-bżar. Dawwar l-ispraġ bir-reqqa b'żewġ spatuli fil-butir sabiex ikunu miksija sew.

Erbgħa. Aqsam l-ispraġ f'4 gruppi. Poġġi kull grupp fiċ-ċentru ta' porzjon ta' peržut serrano. Kebbeb l-ispraġ bit-truf tal-peržut serrano. Poġġi l-pakketti f'dixx tal-forn. Roxx bil-Parmigiano.

5. Aħmi l-ispraġ għal 15-il minuta jew sakemm il-ġobon jinħall u jifforma qoxra. Servi sħun.

asparagu inkaljat

Asparagi al Forno

Jagħmel 4 sa 6 porzjonijiet

L-inkaljar jikkannella l-ispraġ u joħroġ il-ħlewwa naturali. Huma perfetti għall-griwi tal-laħam. Tista 'tneħħi l-laħam imsajjar mill-forn u, waqt li jistrieħ, aħmi l-ispraġ. Uża asparagu chunky għal din ir-riċetta.

1 libbra asparagu

1 1/4 tazza żejt taż-żebbuġa

Mielħa

1. Poġġi xtilliera fiċ-ċentru tal-forn. Saħħan il-forn għal 450 ° F. Aqta 'l-qiegħ tal-ispraġ fil-punt fejn iz-zokk idur minn abjad għal aħdar.

tnejn. Poġġi l-ispraġ fuq folja tal-ħami kbira biżżejjed biex iżżommhom f'saff wieħed. Roxx biż-żejt u l-melħ. Irrombla l-ispraġ 'il quddiem u 'l quddiem biex iksi biż-żejt.

3. Aħmi għal 8 sa 10 minuti jew sakemm l-ispraġ ikun sarr.

Asparagu f'Zabaglione

Asparagu allo Zabaione

Jagħmel 6 porzjonijiet

Iż-żabaglione huwa custard tal-bajd arja normalment servut ħelu bħala deżerta. F'dan il-każ, il-bajd jiġi mħabbat bl-inbid abjad u mingħajr zokkor u serva bl-ispraġ. Dan jagħmel għal starter eleganti għal ikla tar-rebbiegħa. It-tqaxxir tal-ispraġ mhux obbligatorju, iżda jiżgura li l-ispraġ ikun tener minn ponta sa zokk.

1 1/2 libbra asparagu

2 isfar tal-bajd kbar

1 1/4 tazza inbid abjad niexef

Niskata melħ

1 tablespoon butir bla melħ

1. Aqta '1-qiegħ tal-ispraġ fil-punt fejn iz-zokk idur minn abjad għal aħdar. Biex tqaxxar l-ispraġ, ibda taħt il-ponta u uża cutter li jdur biex tneħħi l-ġilda aħdar skur sat-tarf taz-zokk.

tnejn. Halli madwar 2 pulzieri ilma jagħli fi skillet kbir. Żid l-ispraġ u l-melħ għat-togħma. Sajjar sakemm l-ispraġ jitgħawweġ ftit meta jitneħħa mit-tarf taz-zokk, 4 sa 8 minuti. Il-ħin tat-tisjir jiddependi fuq il-ħxuna tal-ispraġ. Neħħi l-ispraġ bil-pinzetta. Ixxotta fuq karta tal-kċina u nixxef.

3. Halli madwar pulzier ilma jagħli fin-nofs ta' isfel ta' kazzola jew boiler doppju. Poġġi l-isfar tal-bajd, l-inbid u l-melħ ġo bain-marie jew fi skutella li ma tissaħx li twaħħal sewwa fuq it-taġen mingħajr ma tmiss l-ilma.

Erbgħa. Habbat it-taħlita tal-bajd sakemm titħallat u poġġi l-kazzola jew skutella fuq l-ilma jagħli. Habbat b'mixer tal-idejn bl-elettriku jew b'whisk tal-wajer sakemm it-taħlita tkun ta' kulur ċar u żżomm forma lixxa meta l-beaters jitgħollu, madwar 5 minuti. Habbat il-butir sakemm jitħallat.

5. Ferra iz-zalza sħuna fuq l-ispraġ u servi immedjatament.

Asparagu bit-Taleggio u pine nuts

Asparagu ma Taleggio u Pinoli

Jagħmel 6 sa 8 porzjonijiet

Mhux 'il bogħod minn Peck's, il-gastronomija famuża ta' Milan (ħanut gourmet), hemm Trattoria Milanese. Huwa post tajjeb ħafna biex tipprova platti Lombard sempliċi u klassiċi, bħal dan l-ispraġ bit-taleggio, ġobon tal-ħalib tal-baqra aromatiku, nofsu artab, li jsir lokalment u li huwa wieħed mill-aqwa ġobnijiet fl-Italja. Fontina jew Bel Paese jistgħu jiġu sostitwiti jekk it-taleggio ma jkunx disponibbli.

2 liri asparagu

Mielħa

2 imgħaref butir bla melħ, imdewweb

6 uqija taleggio, Fontina Valle d'Aosta jew Bel Paese, maqtugħin f'biċċiet żgħar

1/4 tazzi arżnu mqatta' jew lewż imqatta'

1 tablespoon frak tal-ħobż

1. Poġġi xtilliera fiċ-ċentru tal-forn. Saħħan minn qabel il-forn għal 450 ° F. Butir dixx tal-ħami ta '13 × 9 × 2 pulzieri.

tnejn. Aqta 'l-qiegħ tal-ispraġ fil-punt fejn iz-zokk idur minn abjad għal aħdar. Biex tqaxxar l-ispraġ, ibda taħt il-ponta u uża cutter li jdur biex tneħħi l-ġilda aħdar skur sat-tarf taz-zokk.

3. Halli madwar 2 pulzieri ilma jagħli fi skillet kbir. Żid l-ispraġ u l-melħ għat-togħma. Sajjar sakemm l-ispraġ jitgħawweġ ftit meta jitneħħa fit-tarf taz-zokk, 4 sa 8 minuti. Il-ħin tat-tisjir jiddependi fuq il-ħxuna tal-ispraġ. Neħħi l-ispraġ bil-pinzetta. Ixxotta fuq karta tal-kċina u nixxef.

Erbgħa. Poġġi l-ispraġ fid-dixx tal-ħami. Drixx bil-butir. Aqsam il-ġobon fuq l-ispraġ. Roxx bil-ġewż u l-frak tal-ħobż.

5. Aħmi sakemm il-ġobon jiddewweb u l-pacans ikunu kannella dehbi, madwar 15-il minuta. Servi sħun.

timbale tal-ispraġ

Sformatini di Asparagi

Jagħmel 6 porzjonijiet

Custards lixxi ħarir bħal din huma preparazzjoni antikwata, iżda waħda li tibqa 'popolari f'ħafna ristoranti Taljani, prinċipalment minħabba li hija tant delizzjuża. Prattikament kull ħaxix jista 'jsir b'dan il-mod, u dawn ramekins żgħar huma tajbin għal dixx veġetarjana sekondarji, entrée, jew platt prinċipali. Sformatini, litteralment "affarijiet żgħar mhux iffurmati", jistgħu jiġu servuti sempliċi, miksija b'zalza tat-tadam jew ġobon, jew imdawra b'ħxejjex sautéed fil-butir.

1 tazza bechamel

1 1/2 libbra asparagu, imqatta

3 bajd kbar

1/4 tazza Parmigiano-Reggiano maħkuk frisk

Melħ u bżar iswed mitħun frisk

1. Jekk meħtieġ, ipprepara l-béchamel sauce. Ħalli madwar 2 pulzieri ilma jagħli fi skillet kbir. Żid l-ispraġ u l-melħ għat-togħma. Sajjar sakemm l-ispraġ jitgħawweġ ftit meta jitneħħa fit-tarf taz-zokk, 4 sa 8 minuti. Il-ħin tat-tisjir jiddependi fuq il-ħxuna tal-ispraġ. Neħħi l-ispraġ bil-pinzetta. Ixxotta fuq karta tal-kċina u nixxef. Aqta' u rriżerva 6 mit-truf.

tnejn. Poġġi l-ispraġ ġo food processor u itħan sakemm tkun lixxa. Ħallat il-bajd, bechamel, ġobon, 1 kuċċarina melħ u bżar għat-togħma.

3. Poġġi xtilliera fiċ-ċentru tal-forn. Saħħan minn qabel il-forn għal 350 ° F. Butir ġeneruż sitt flatbreads ta '6-uqija jew ramekins. Ferra t-taħlita tal-ispraġ fi tazzi. Poġġi t-tazzi f'landa kbira tal-inkaljar u ferra l-ilma jagħli fit-taġen f'nofs il-ġnub tat-tazzi.

Erbgħa. Aħmi għal 50 sa 60 minuta jew sakemm sikkina mdaħħla fiċ-ċentru toħroġ nadifa. Neħħi l-forom mit-taġen u mexxi sikkina żgħira mat-tarf. Aqleb ramekins fuq platti tas-servizz. Żejjen bit-truf tal-ispraġ riżervati u servi sħun.

Fażola tal-istil tal-pajjiż

Fagioli alla Paesana

Jagħmel madwar 6 tazzi ta 'fażola, porzjonijiet 10 sa 12

Dan huwa metodu bażiku tat-tisjir għat-tipi kollha ta 'fażola. Il-fażola mxarrba tista 'tiffermenta jekk tinżamm f'temperatura tal-kamra, għalhekk nifriġġahom. Ladarba imsajjar, servi kif inhu ma drixx żejt taż-żebbuġa extra verġni, jew żid ma 'sopop jew insalati.

1 libbra cranberries, cannellini, jew fażola oħra mnixxfa

1 zunnarija, imqatta '

1 zokk tal-karfus bil-weraq

1 basla

2 sinniet tewm

2 imgħaref żejt taż-żebbuġa

Mielħa

1. Laħlaħ u aqbad il-fażola biex tneħħi kwalunkwe fażola miksura jew ġebel żgħir.

tnejn. Poġġi l-fażola fi skutella kbira ta 'ilma kiesaħ biex tkopri b'2 pulzieri. Friġġ 4 sigħat għal matul il-lejl.

3. Ixxotta l-fażola u poġġi ġo borma kbira ilma kiesaħ biex tkopri b'1 pulzier. Ħalli l-ilma jagħli fuq nar medju. Naqqas is-sħana għall-baxx u xkuma r-ragħwa li titla 'fuq. Meta r-ragħwa tieqaf togħla, żid il-ħaxix u ż-żejt taż-żebbuġa.

Erbgħa. Għatti t-taġen u ħalliha ttektek għal 11/2 sa sagħtejn, żid aktar ilma jekk meħtieġ, sakemm il-fażola tkun delikata ħafna u krema. Żid il-melħ għat-togħma u ħallih joqgħod għal madwar 10 minuti. Armi l-ħaxix. Servi sħun jew f'temperatura tal-kamra.

fażola Toskana

Fagioli Stufati

Jagħmel 6 porzjonijiet

It-Toskani huma l-kaptani tal-kċina tal-fażola. Huma ttektek legumi mnixxfa bi ħwawar f'likwidu bilkemm ibaqbaq. It-tisjir twil u bil-mod jipproduċi fażola delikata u krema li żżomm il-forma tagħha waqt li jsajjar.

Dejjem togħma diversi fażola biex tiddetermina jekk hijiex imsajra, peress li mhux se issajjar kollha fl-istess ħin. Inħalli l-fażola fuq il-fuklar għal ftit wara t-tisjir biex niżgura li tkun imsajra. Huma tajbin meta jisħnu u jisħnu perfettament.

Il-fażola hija tajba bħala dixx sekondarju jew fis-sopop, jew ipprovahom fuq ħobż Taljan sħun mixwi miksi bit-tewm u mdawwar biż-żejt.

8 uqija cannellini imnixxef, cranberries, jew fażola oħra

1 sinna kbira tat-tewm, imqatta' ħafif

6 weraq ta' salvja friska, jew friegħ żgħir ta' klin, jew 3 biċċiet ta' sagħtar frisk

Mielħa

żejt taż-żebbuġa extra verġni

bżar iswed mitħun frisk

1. Laħlaħ u aqbad il-fażola biex tneħħi kwalunkwe fażola miksura jew ġebel żgħir. Poġġi l-fażola fi skutella kbira ta 'ilma kiesaħ biex tkopri b'2 pulzieri. Friġġ 4 sigħat għal matul il-lejl.

tnejn. Saħħan il-forn għal 300 ° F. Ixxotta l-fażola u poġġi f'forn Olandiż jew pot ieħor fond u tqil b'għatu li jwaħħal sewwa. Żid ilma frisk biex tkopri 1 pulzier. Żid it-tewm u s-salvja. Ħallih jagħli fuq nar baxx.

3. Għatti t-tagen u poġġiha fuq ix-xtilliera tan-nofs tal-forn. Sajjar sakemm il-fażola tkun delikata ħafna, madwar siegħa u 15-il minuta jew aktar skont it-tip u l-età tal-fażola. Iċċekkja kultant biex tara jekk hemmx bżonn aktar ilma

biex iżżomm il-fażola mgħottija. Xi fażola tista 'teħtieġ 30 minuta addizzjonali ta' ħin tat-tisjir.

Erbgħa. Ipprova l-fażola. Żid il-melħ għat-togħma meta jkunu msajra għal kollox. Ħalli l-fażola tistrieħ għal 10 minuti. Servi jaħraq bi ftit żejt taż-żebbuġa u niskata bżar iswed.

Insalata tal-fażola

Insalata di Fagioli

Jagħmel 4 porzjonijiet

It-tħawwir tal-fażola waqt li tkun sħuna tippermettilhom jassorbu t-togħmiet.

2 imgħaref żejt extra verġni taż-żebbuġa

2 imgħaref meraq tal-lumi frisk

Melħ u bżar iswed mitħun frisk

2 tazzi fażola sħuna msajra jew fil-laned, bħal fażola cannellini jew cranberries

1 bżar qampiena isfar żgħir, imqatta' fi dadi

1 kikkra tadam taċ-ċirasa, maqtugħ bin-nofs jew kwarti

2 basal aħdar, maqtugħ f'biċċiet ta '1/2-il pulzier

1 mazz arugula, imqatta fin

1.Fi skutella medja, ħallat flimkien iż-żejt, il-meraq tal-lumi, u l-melħ u l-bżar għat-togħma. Ixxotta l-fażola u żidha mal-dressing. Hawwad sew. Hallih joqgħod għal 30 minuta.

tnejn.Żid il-bżar, it-tadam u l-basal u ħawwad. Duqu u aġġusta l-ħwawar.

3.Irranġa r-rugula fi skutella u żejjen bl-insalata. Servi immedjatament.

Fażola u kaboċċi

Fagioli u Cavolo

Jagħmel 6 porzjonijiet

Servi dan bħala starter minflok għaġin jew soppa, jew bħala side dish mal-majjal mixwi jew tiġieġ.

2 uqija pancetta (4 flieli ħoxnin), maqtugħa fi strixxi ta' pulzier (2.5 ċm)

2 imgħaref żejt taż-żebbuġa

1 basla żgħira mqatta'

2 sinniet kbar tat-tewm

1/4 tsp bżar aħmar mitħun

4 tazzi kaboċċa mqatta

1 kikkra tadam frisk jew fil-laned imqatta

Mielħa

3 kikkri fażola cannellini jew cranberries imsajra jew fil-laned, imsoffija

1. F'taġen kbir, aqli l-pancetta fiż-żejt taż-żebbuġa għal 5 minuti. Żid il-basla, it-tewm, u l-bżar jaħraq u sajjar sakemm il-basla jirtab, madwar 10 minuti.

tnejn. Żid il-kaboċċi, it-tadam u l-melħ għat-togħma. Baxxi n-nar u għatti t-taġen. Sajjar għal 20 minuta jew sakemm il-kaboċċa tkun delikata. Żid fażola u sajjar għal 5 minuti oħra. Servi sħun.

Fażola f'Zalza tas-Salvja tat-Tadam

Fagioli all'Uccelletto

Jagħmel 8 porzjonijiet

Dawn il-fażola Toskana hija msajra bil-mod tal-għasafar tal-kaċċa, bis-salvja u t-tadam, għalhekk isimhom Taljan.

1 libbra cannellini imnixxef jew Great Northern fażola, mlaħalħa u mqaxxra

Mielħa

2 friegħi salvja friska

3 sinniet kbar tat-tewm

1 1/4 tazza żejt taż-żebbuġa

3 tadam kbar, imqaxxra, żerriegħa u mqattgħin, jew 2 tadam tadam fil-laned

1. Poġġi l-fażola fi skutella kbira ta 'ilma kiesaħ biex tkopri b'2 pulzieri. Poġġihom fil-friġġ biex jixxarrbu għal 4 sigħat sa matul il-lejl.

tnejn. Ixxotta l-fażola u poġġi ġo borma kbira ilma kiesaħ biex tkopri b'1 pulzier. Ħalli l-likwidu jagħli. Għatti u sajjar sakemm il-fażola tkun delikata, 11/2 sa sagħtejn. Żid il-melħ għat-togħma u ħallih joqgħod għal 10 minuti.

3. F'kazzola kbira, sajjar is-salvja u t-tewm fiż-żejt fuq nar medju, tfarrak it-tewm b'dahar ta' mgħarfa, sakemm it-tewm ikun kannella dehbi, madwar 5 minuti. Żid it-tadam.

Erbgħa. Ixxotta l-fażola, riżerva l-likwidu. Żid il-fażola maz-zalza. Sajjar għal 10 minuti, żid ftit mil-likwidu riżervat jekk il-fażola tinxef. Servi sħun jew f'temperatura tal-kamra.

Stew taċ-ċiċri

Ceci in Zimino

Jagħmel 4 sa 6 porzjonijiet

Dan l-istuffat qalb tajjeb waħdu, jew tista' żżid ftit għaġin jew ross imsajjar żgħir u ilma jew stokk biex inbiddlu f'soppa.

1 basla medja mqatta'

1 sinna tewm imqatta' fin

4 imgħaref żejt taż-żebbuġa

1 libbra chard Svizzera jew spinaċi, mirqum u mqatta

Melħ u bżar iswed mitħun frisk

3 1/2 tazza ċiċri imsajjar jew fil-laned, imsaffi

żejt taż-żebbuġa extra verġni

1. Fi kazzola medja, sajjar il-basla u t-tewm fiż-żejt fuq sħana medja sa kannella dehbi, 10 minuti. Żid iċ-chard u l-melħ għat-togħma. Għatti u sajjar għal 15-il minuta.

tnejn.Żid iċ-ċiċri bi ftit tal-likwidu tat-tisjir jew ilma tagħhom u melħ u bżar għat-togħma. Għatti u sajjar għal 30 minuta oħra. Ħawwad kultant u għaffeġ ftit miċ-ċiċri b'dahar ta' mgħarfa. Żid ftit aktar likwidu jekk it-taħlita tinxef wisq.

3.Ħallih jiksaħ ftit qabel ma sservi. Idlek bi ftit żejt taż-żebbuġa extra verġni jekk mixtieq

Fażola b'ħodor morr

Favorit u Cicoria

Jagħmel 4 sa 6 porzjonijiet

Il-fażola mnixxfa għandha togħma tal-art u kemmxejn morra. Meta tixtri, oqgħod attent għall-varjetà mqaxxra. Huma ftit aktar għaljin, iżda ta 'min jiġi evitat għal ġilda iebsa. Huma wkoll issajjar aktar malajr mill-fava beans bil-ġlud tagħhom fuq. Tista 'ssib fava fava mnixxfa u mqaxxra fi swieq etniċi u swieq li jispeċjalizzaw f'ikel naturali.

Din ir-riċetta ġejja mill-Puglia, fejn prattikament hija l-platt nazzjonali. Jista 'jintuża kwalunkwe tip ta' ħodor morr, bħal radicchio, brokkoli rabe, ħodor tan-nevew, jew ħodor taċ-ċikwejra. Inħobb inżid niskata bżar aħmar mitħun mal-ħaxix waqt li jsajjar, iżda dan mhux tradizzjonali.

8 uqija fava fażola mnixxfa, imqaxxra, mlaħalħa u mneħħija

1 patata mgħollija medja, imqaxxra u maqtugħa f'biċċiet ta '1 pulzier

Mielħa

1 libbra radicchio jew ħodor dandelion, mirqum

1 1/4 tazza żejt taż-żebbuġa extra verġni

1 sinna tewm imqatta' fin

niskata bżar aħmar mitħun

1. Poġġi l-fażola u l-patata ġo kazzola kbira. Żid ilma kiesaħ biex tkopri 1/2 pulzier. Ħallih jagħli u sajjar sakemm il-fażola tkun ratba ħafna u taqa' barra u l-ilma kollu jkun ġie assorbit.

tnejn. Żid il-melħ għat-togħma. Agħfas il-fażola b'dahar ta' mgħarfa jew maxx tal-patata. Żid iż-żejt.

3. Halli taġen kbir ilma għat-togħlija. Żid il-ħaxix u l-melħ għat-togħma. Sajjar sakemm tkun offerta, skont il-varjetà tal-ħaxix, 5 sa 10 minuti. Ixxotta sew.

Erbgħa. Nixxef il-vażett. Żid iż-żejt, it-tewm u l-bżar aħmar imfarrak. Sajjar fuq nar medju sakemm it-tewm ikun kannella dehbi, madwar 2 minuti. Żid il-ħaxix imsoff u l-melħ għat-togħma. Ħallat sew.

5. Aqsam il-puree tal-fażola fi skutella tas-servizz. Pile l-ħaxix fuq nett. Roxx b'aktar żejt jekk mixtieq. Servi sħun jew sħun.

Fażola friska, stil Ruman

Fave alla Romana

Jagħmel 4 porzjonijiet

Il-fażola friska fil-miżwed tagħhom hija ħaxixa importanti tar-rebbiegħa fiċ-ċentru u fin-Nofsinhar tal-Italja. Ir-Rumani jħobbu joħorġuhom mill-qoxra u jieklu nejjin bħala akkumpanjament għal pecorino żgħir. Il-fażola hija wkoll stewed ma' ħaxix ieħor tar-rebbiegħa bħall-piżelli u l-qaqoċċ.

Jekk il-fażola tkun żgħira ħafna u delikata, m'hemmx għalfejn titqaxxar il-qoxra rqiqa li tkopri kull fażola. Ipprova tiekol waħda bil-qoxra u waħda mingħajr biex tiddeċiedi jekk humiex rotob.

It-togħma u n-nisġa tal-fażola friska hija kompletament differenti mill-fażola mnixxfa, għalhekk tissostitwixxix waħda għall-oħra. Jekk ma tistax issib favas friski, fittex fażola ffriżata mibjugħa f'ħafna swieq Taljani u tal-Lvant Nofsani. Il-fażola lima friska jew iffriżata taħdem tajjeb ukoll f'dan id-dixx.

1 basla żgħira mqatta' fin

4 uqija pancetta, imqatta'

2 imgħaref żejt taż-żebbuġa

4 liri fażola lima friska, imqaxxra (madwar 3 tazzi)

Melħ u bżar iswed mitħun frisk

1 1/4 tazza ilma

1. Fi skillet medju, qalli l-basla u l-pancetta fiż-żejt taż-żebbuġa fuq nar medju għal 10 minuti jew sakemm ikun kannella dehbi.

tnejn. Żid il-fażola u l-melħ u l-bżar għat-togħma. Żid l-ilma u baxxi n-nar. Għatti t-taġen u sajjar għal 5 minuti jew sakemm il-fażola tkun kważi delikata.

3. Ikxef skillet u sajjar sakemm il-fażola u l-pancetta jkunu kannella ħafif, madwar 5 minuti. Servi sħun.

Fażola friska, stil Umbri

Scafata

Jagħmel 6 porzjonijiet

Il-miżwed tal-fażola għandhom ikunu sodi u tqarmeċ, mhux mimlijin jew maħlul, li jindikaw li huma qodma wisq. Iktar ma tkun iż-żgħira, aktar tkun offerta l-fażola. Figura 1 libbra ta 'fażola friska fil-miżwed għal kull tazza 1 ta' fażola mqaxxra.

2 1/2 lira fażola lima friska, bil-qoxra jew 2 tazzi fażola lima iffriżata

1 libbra chard Svizzera, mirquma u maqtugħa fi strixxi ta '1 pulzier (2.5 ċm).

1 basla mqatta

1 zunnarija medja, imqatta '

1 karfus imqatta'

1 1/4 tazza żejt taż-żebbuġa

1 kuċċarina melħ

bżar iswed mitħun frisk

1 tadam misjur medju, imqaxxar, żerriegħa u mqatta'

1. Fi kazzola medja, għaqqad l-ingredjenti kollha ħlief it-tadam. Għatti u ħalliha ttektek, ħawwad kultant, għal 15-il minuta jew sakemm il-fażola tkun delikata. Żid ftit ilma jekk il-ħaxix jibda jeħel flimkien.

tnejn. Żid it-tadam u sajjar mikxuf għal 5 minuti. Servi sħun.

Brokkoli Biż-Żejt U Lumi

Agri Brokkoli

Jagħmel 6 porzjonijiet

Dan huwa l-mod bażiku ta' kif jiġu serviti ħafna tipi ta' ħaxix imsajjar fin-Nofsinhar tal-Italja. Huma dejjem servuti f'temperatura tal-kamra.

1½ libbra brokkoli

Mielħa

1¼ tazza żejt taż-żebbuġa extra verġni

1 sa 2 tablespoons meraq tal-lumi frisk

Flieli tal-lumi, biex iżejnu

1. Aqta' l-brokkoli f'floretti kbar. Ittrimmja t-truf taż-zkuk. Neħħi l-ġilda iebsa b'peeler b'xafra li ddur. Aqta' zkuk ħoxnin fuq xulxin fi flieli ta' 1/4 pulzier.

tnejn. Halli taġen kbir ilma għat-togħlija. Żid il-brokkoli u l-melħ għat-togħma. Sajjar sakemm il-brokkoli jkun delikat, 5 sa 7 minuti. Ixxotta u kessaħ ftit taħt ilma ġieri kiesaħ.

3. Idlek il-brokkoli biż-żejt u l-meraq tal-lumi. Żejjen bi flieli tal-lumi. Servi f'temperatura tal-kamra.

Brokkoli, stil Parma

Brokkoli alla Parmigiana

Jagħmel 4 porzjonijiet

Għal bidla, agħmel dan id-dixx b'taħlita ta' pastard u brokkoli.

1 1/2 libbra brokkoli

Mielħa

3 imgħaref butir bla melħ

bżar iswed mitħun frisk

1/2 tazzi Parmigiano-Reggiano maħkuk frisk

1. Aqta' l-brokkoli f'floretti kbar. Ittrimmja t-truf taż-zkuk. Neħħi l-ġilda iebsa b'peeler b'xafra li ddur. Aqta' zkuk ħoxnin fuq xulxin fi flieli ta' 1/4 pulzier.

tnejn. Halli taġen kbir ilma għat-togħlija. Żid il-brokkoli u l-melħ għat-togħma. Sajjar sakemm il-brokkoli jkun parzjalment tenera, madwar 5 minuti. Ixxotta u kessaħ b'ilma kiesaħ.

3. Poġġi xtilliera fiċ-ċentru tal-forn. Saħħan il-forn għal 375 ° F. Butir dixx tal-ħami kbir biżżejjed biex iżżomm il-brokkoli.

Erbgħa. Poġġi l-lanez fid-dixx ippreparat, ftit ikkumplikahom. Idlek bil-butir u ferrex bil-bżar. Roxx il-ġobon fuq nett.

5. Aħmi għal 10 minuti jew sakemm il-ġobon ikun imdewweb u jiħmar ħafif. Servi sħun.

Brokkoli rabe bit-tewm u bżar jaħraq

Cime di Monkfish ma Peperoncino

Jagħmel 4 porzjonijiet

Ma jkollhiex ħafna aħjar minn din ir-riċetta fejn tidħol it-togħma tal-brokkoli rabe. Dan id-dixx jista' jsir ukoll bil-brokkoli jew il-pastard. Xi verżjonijiet jinkludu xi inċova sautéed fit-tewm u ż-żejt, jew ipprova żid ftit taż-żebbuġ għal togħma togħma. Dan huwa wkoll topping kbir għall-għaġin.

1½ libbra brokkoli rabe

Mielħa

3 imgħaref żejt taż-żebbuġa

2 sinniet tat-tewm kbar, imqatta' rqiq

niskata bżar aħmar mitħun

1. Aqsam il-florets tal-brokkoli f'florets. Ittrimmja l-bażi taz-zkuk. It-tqaxxir taż-zkuk huwa fakultattiv. Aqta 'kull fjura crosswise f'2 jew 3 biċċiet.

tnejn. Halli taġen kbir ilma għat-togħlija. Żid il-brokkoli rabe u l-melħ għat-togħma. Sajjar sakemm il-brokkoli jkun kważi delikat, madwar 5 minuti. Ixxotta.

3. Nixxef it-taġen u żid iż-żejt, it-tewm u l-bżar aħmar. Sajjar fuq nar medju sakemm it-tewm ikun imkannella ħafif, madwar 2 minuti. Żid il-brokkoli u niskata melħ. Ħawwad sew. Għatti u sajjar sakemm sar, 3 minuti oħra. Servi sħun jew f'temperatura tal-kamra.

Brokkoli Bil-Prosciutto

Brokkoli Stewed

Jagħmel 4 porzjonijiet

Il-brokkoli f'din ir-riċetta jissajjar sakemm ikun sar biżżejjed biex jitgħaxxaq bil-furketta. Servi bħala side dish jew ifrex fuq ħobż Taljan mixwi għall-crostini.

1 1/2 libbra brokkoli

Mielħa

1 1/4 tazza żejt taż-żebbuġa

1 basla medja mqatta'

1 sinna tewm imqatta' fin

4 flieli rqaq ta' prosciutto Taljan importat, maqtugħin salibhom fi strixxi rqaq

1. Aqta' l-brokkoli f'floretti kbar. Ittrimmja t-truf taż-zkuk. Neħħi l-ġilda iebsa b'peeler b'xafra li ddur. Aqta' zkuk ħoxnin fuq xulxin fi flieli ta' 1/4 pulzier.

tnejn. Halli taġen kbir ilma għat-togħlija. Żid il-brokkoli u l-melħ għat-togħma. Sajjar sakemm il-brokkoli jkun parzjalment tenera, madwar 5 minuti. Ixxotta u kessaħ b'ilma kiesaħ.

3. Nixxef it-taġen u żid iż-żejt, il-basla u t-tewm. Sajjar fuq nar medju sakemm ikun kannella dehbi, madwar 10 minuti. Żid il-brokkoli. Għatti u baxxi n-nar. Sajjar sakemm il-brokkoli jkun delikat, madwar 15-il minuta.

Erbgħa. Agħfas il-brokkoli b'maxx jew furketta tal-patata. Żid il-prosciutto. Staġun bil-melħ u l-bżar. Servi sħun.

Sandwiches bil-Brokkli Rabe

Morsi ma' Cime di Rape

Jagħmel 4 porzjonijiet

Minestra tista' tkun soppa ħoxna bl-għaġin jew ross, jew dixx tal-ħaxix qalb, bħal dan mill-Puglia, bil-kubi tal-ħobż. Filwaqt li probabbilment kien ivvintat minn mara tad-dar frugali b'ħobż li jifdal u ħafna ħalq x'timla, huwa fit-togħma biżżejjed għall-bidu jew bħala akkumpanjament għall-kustilji jew chops tal-majjal.

1½ libbra brokkoli rabe

3 sinniet tewm, imqatta rqiqa

niskata bżar aħmar mitħun

⅓ tazzi żejt taż-żebbuġa

4 sa 6 flieli (1/2 pulzier ħoxna) ħobż Taljan jew Franċiż, maqtugħ f'biċċiet żgħar

1. Aqsam il-florets tal-brokkoli f'florets. Ittrimmja l-bażi taz-zkuk. It-tqaxxir taż-zkuk huwa fakultattiv. Aqta 'kull fjura crosswise f'biċċiet ta' 1 pulzier.

tnejn. Halli taġen kbir ilma għat-togħlija. Żid il-brokkoli rabe u l-melħ għat-togħma. Sajjar sakemm il-brokkoli ikun kważi delikat, madwar 5 minuti. Ixxotta.

3. Fi skillet kbira, qliel it-tewm u l-bżar aħmar fiż-żejt għal minuta. Żid kubi tal-ħobż u sajjar, ħawwad spiss, sakemm il-ħobż ikun mixwi ħafif, madwar 3 minuti.

Erbgħa. Żid il-brokkoli rabe u niskata melħ. Sajjar, ħawwad, għal 5 minuti oħra. Servi sħun.

Brokkoli rabe bil-bacon u t-tadam

Cime di Monkfish al Pomodori

Jagħmel 4 porzjonijiet

F'din ir-riċetta, it-togħma tal-laħam ta' pancetta, basla u tadam tikkumplimenta t-togħma qawwija tal-brokkoli rabe. Dan huwa platt ieħor li jkun tajjeb li jitħallat ma' xi għaġin sħun imsajjar.

1½ libbra brokkoli rabe

Mielħa

2 imgħaref żejt taż-żebbuġa

2 flieli ħoxnin bacon, imqatta fin

1 basla medja mqatta'

niskata bżar aħmar mitħun

1 kikkra tadam imqatta' fil-laned

2 imgħaref inbid abjad niexef jew ilma

1. Aqsam il-florets tal-brokkoli f'florets. Ittrimmja l-bażi taz-zkuk. It-tqaxxir taż-zkuk huwa fakultattiv. Aqta 'kull fjura crosswise f'biċċiet ta' 1 pulzier.

tnejn. Halli taġen kbir ilma għat-togħlija. Żid il-brokkoli rabe u l-melħ għat-togħma. Sajjar sakemm il-brokkoli ikun kważi delikat, madwar 5 minuti. Ixxotta.

3. Ferra ż-żejt ġo skillet kbir. Żid il-pancetta, il-basla, u l-bżar aħmar u sajjar fuq nar medju sakemm il-basla tkun trasluċida, madwar 5 minuti. Żid it-tadam, l-inbid u niskata melħ. Sajjar għal 10 minuti oħra jew sakemm jitħaxxen.

Erbgħa. Żid il-brokkoli rabe u sajjar sakemm tkun delikata, madwar 2 minuti. Servi sħun.

Torti Żgħar tal-Ħxejjex

Frittelle di Erbe di Campo

Jagħmel 8 porzjonijiet

Fi Sqallija, dawn il-pancakes żgħar tal-ħaxix huma magħmula b'ħaxix selvaġġ morr. Tista 'tuża brokkoli rabe, ħodor tal-mustarda, borage, jew radicchio. Dawn il-kejkijiet huma tradizzjonalment jittieklu madwar l-Għid bħala starter jew dixx sekondarji. Huma sħan jew temperatura tal-kamra.

1½ libbra brokkoli rabe

Mielħa

4 bajd kbar

2 imgħaref caciocavallo maħkuk jew Pecorino Romano

Melħ u bżar iswed mitħun frisk

2 imgħaref żejt taż-żebbuġa

1. Aqsam il-florets tal-brokkoli f'florets. Ittrimmja l-bażi taz-zkuk. It-tqaxxir taż-zkuk huwa fakultattiv. Aqta 'kull fjura crosswise f'biċċiet ta' 1 pulzier.

tnejn. Halli taġen kbir ilma għat-togħlija. Żid il-brokkoli rabe u l-melħ għat-togħma. Sajjar sakemm il-brokkoli ikun kważi delikat, madwar 5 minuti. Ixxotta. Hallih jiksaħ ftit u mbagħad agħfas l-ilma. Aqta 'b'mod fin il-fjorituri tal-brokkoli.

3. Fi skutella kbira, ħabbat il-bajd, il-ġobon, u l-melħ u l-bżar għat-togħma. Żid il-ħaxix.

Erbgħa. Saħħan iż-żejt fi skillet kbira fuq nar medju. Oħroġ tablespoon ħafna tat-taħlita mit-taġen u żidha mat-taġen. Iċċattja t-taħlita b'kuċċarina fi pancake żgħir. Irrepeti bit-taħlita li fadal. Sajjar naħa waħda tal-kejkijiet sakemm tismar ħafif, madwar 2 minuti, imbagħad aqleb bi spatula u sajjar in-naħa l-oħra sakemm tiddieb u msajra. Servi sħun jew f'temperatura tal-kamra.

pastard moqli

Cavolfiore Fritte

Jagħmel 4 porzjonijiet

Ipprova sservi pastard ippreparat b'dan il-mod lil xi ħadd li normalment ma jħobbx dan il-ħaxix versatili, u tkun żgur li tikkonverti. Il-kisja tqarmeċ u bit-togħma tal-ġobon tikkuntrasta mill-isbaħ mal-pastard tenera. Dawn jistgħu jiġu mgħoddija bħala appetizers tal-festa jew serva bħala akkumpanjament għal chops tal-majjal grilled. Għall-aħjar nisġa, servi immedjatament wara t-tisjir.

1 pastard żgħir (madwar libbra)

Mielħa

1 tazza frak tal-ħobż niexef

3 bajd kbar

1/2 tazzi Parmigiano-Reggiano maħkuk frisk

bżar iswed mitħun frisk

Żejt veġetali

Flieli tal-lumi

1. Aqta' l-pastard f'floretti ta' 2 ċm. Ittrimmja t-truf taż-zkuk. Aqta' zkuk ħoxnin fuq xulxin fi flieli ta' 1/4 pulzier.

tnejn. Halli taġen kbir ilma għat-togħlija. Żid pastard u melħ għat-togħma. Sajjar sakemm il-pastard tkun kważi delikata, madwar 5 minuti. Ixxotta u kessaħ b'ilma kiesaħ.

3. Poġġi l-frak tal-ħobż f'dixx baxx. Fi skutella żgħira, ħabbat il-bajd, il-ġobon, u l-melħ u l-bżar għat-togħma. Għaddas il-biċċiet tal-pastard fil-bajda u mbagħad irromblahom fil-frak tal-ħobż. Hallih jinxef fuq xtilliera għal 15-il minuta.

Erbgħa. Ferra' żejt ġo skillet kbir u fond sa fond ta' 1/2 pulzier. Saħħan fuq sħana medja sakemm ftit mit-taħlita tal-bajd li twaqqa' tisraq fit-taġen u sajjar malajr. Sadanittant, inforra trej tal-ħami bil-karta tal-kċina.

5. Poġġi biss biżżejjed biċċiet pastard fit-taġen biex joqogħdu bil-kumdità mingħajr ma tmisshom. Aqli l-biċċiet, iduru bil-pinzetti, sakemm ikunu kannella dehbi u iqarmeċ, madwar

6 minuti. Ixxotta l-pastard fuq karta tal-kċina. Irrepeti bil-pastard li fadal.

6. Servi l-pastard sħun, bil-felli tal-lumi.

www.ingramcontent.com/pod-product-compliance
Lightning Source LLC
Chambersburg PA
CBHW071429080526
44587CB00014B/1777